AF364304

PROFETA VINICIUS IRACET
DIREÇÕES
ESPECIAIS
PARA SUA VIDA

# DIREÇÕES ESPECIAIS
## PARA SUA VIDA

Travessa Adão Comasseto, 200
Santa Maria – RS, CEP: 97060-485
Fone: (55) 4102 4066
E-mail: contato@editoracaxias.com.br
www.editoracaxias.com.br

PROFETA VINICIUS IRACET

# DIREÇÕES ESPECIAIS

## PARA SUA VIDA

Santa Maria - RS
Editora e Gráfica Curso Caxias
2019

**Editor**
Felipe Toniolo

**Capa**
Matheus Gomes

**Revisão**
Adriana Röhrig Fagundes

**Conselho Editorial**
Dra. Alecsandra Cunha
Dr. Alysson do Amaral
Dra. Andresa da Costa Ribeiro
Dr. Carlos Giovani D. Pasini
Dr. Ronaldo K. de Araújo
Dr. Élvio de Carvalho
Dr. João B. A. Figueiredo
Dr. Leandro Belinaso Guimaraes
Dra. Sandra Maders
Dr. Valdo Hermes de Lima Barcelos
Dr. Valmôr Scott Junior
Msc. Rafael Friedrich

Impresso no Brasil/*Printed in Brazil*

I651p    Iracet, Vinícius
            Direções especiais para sua vida.. / Vinícius Iracet. – Santa Maria:
        Editora e Gráfica Curso Caxias, 2019.

            112 p.
            ISBN: 978-85-5808-059-0

            1.Teologia. 2. Aconselhamento pastoral. I.Título.

                                                                    CDU 253

Ficha catalográfica elaborada por Denise Escobar Copello CRB10/1676

# Dedicatória

Dedico este livro a Jesus Cristo, por seu amor e graça redentora. Ele é o único que pode mudar completamente a história de uma pessoa. Ele não falha. Dedico também a minha amada Ariane, Lucas e Talita, meus tesouros, um verdadeiro presente de Deus. Ao ministério Jesus para as Nações, um povo maravilhoso, uma grande família que trabalha e serve a Jesus com alegria: Uma igreja que ama os dons espirituais e que tem em seu DNA o amor e a fome por mais do Espírito Santo.

# Sumário

# Por que escrevi este livro?

Decisões são necessárias todos os dias. Algumas são mais simples, como servir um copo de café a um colega do trabalho. Outras são um pouco mais difíceis, como escolher a camisa certa para sair, se continuarei pegando ônibus ou comprarei um carro, para qual lugar viajar... Outras são ainda mais difíceis, como a escolha do futuro cônjuge para namorar, qual faculdade cursar, qual carreira ideal para trabalhar.

Como você toma essas decisões, hoje? Talvez você coloque na balança os prós e os contras e a opção mais viável e vantajosa para você. Talvez você escolha aquela opção que rende mais dinheiro ou aquela que exige o menor esforço. Ou, talvez você não escolha nenhuma delas, com medo de errar, e acaba deixando a vida escolher por você.

Bem, o fato é que toda decisão traz consequências. E aí vem o problema, pois um erro no caminho pode mexer completamente na sua história.

Se a decisão for correta, a consequência será um grande presente, uma enorme satisfação; se for errada, a angústia e o sofrimento virão. Por isso, precisamos ser sábios, para que possamos tomar decisões corretas.

A palavra de Deus é a sabedoria de Deus.

**A sabedoria é a coisa principal; adquire pois a sabedoria, emprega tudo o que possuis na aquisição de entendimento.**

Provérbios 4:7 (Bíblia ACF)

Esta sabedoria que a Bíblia nos aconselha a adquirir é algo muito importante e decisivo em nossa caminhada. Precisamos entender que as direções especiais partem deste livro maravilhoso: a Palavra de Deus. Direções são o que a igreja mais precisa nestes dias, dado a tantas vozes que tentam influenciar os filhos de Deus para uma vida centralizada em si próprio. O homem é ensinado todos os dias a confiar em si e que todas as respostas estão dentro dele.

Por más decisões, pessoas colocam tudo fora. Empresas vendidas por pouco menos que nada, casamentos de anos destruídos pela influência de terceiros, decisões mal tomadas, precipitações e equívocos fazem o ser humano perder tempo, saúde e dinheiro. O fato é que suas decisões estão decidindo seu futuro e a qualidade de sua vida. Nossas decisões irão decidir nosso sucesso na vida.

# 1 - Direções Especiais Mudam Nossa História

Na vida enfrentamos momentos de incerteza e dúvida. Pequenas e grandes decisões precisam ser tomadas todos os dias. Por várias vezes vamos nos encontrar nas famosas encruzilhadas da vida e também em becos sem saída. Dias que precisaremos de uma resposta de Deus para acertarmos nas decisões e vencermos.

Particularmente, aprendi o peso e as consequências de más decisões. Já tive a sensação de alguém me pressionando, como se colocasse uma faca em meu pescoço e exigisse que eu fizesse uma escolha apressadamente. Entendo que a pressão vem do inimigo das nossas almas, para nos fazer agir precipitadamente. Uma ação precipitada gerará muitas perdas. Se fizéssemos as coisas erradas e não tivéssemos que pagar a conta no final seria muito mais fácil, mas sabemos que tudo tem um custo, a conta sempre tem que ser paga.

Precisamos ter a consciência que uma decisão errada pode nos roubar tempo, nosso bem mais precioso, e dinheiro. Más decisões demandam esgotamento e falta de respaldo do fluir de Deus. Lembro-me de uma mulher que nos ligou apavorada porque o marido a havia traído. Depois de a acalmarmos e mostrarmos para ela a direção certa para a restauração do seu casamento, ela chegou a sua casa, tomou um banho e se vestiu de ódio e vingança. Saiu para noite e engatou no primeiro pacotinho do inferno, satisfeita com o troco que estava dando. Passado algum tempo, tentou reatar, o que se tornou impossível, visto que ela tomou uma direção totalmente errada, uma direção da sua alma turbulenta.

Quando nossa alma está em frangalhos ou estamos cansados fisicamente, nunca devemos tomar uma decisão imediata, salvo por uma necessidade. E, ainda assim, precisamos consultar ao Senhor, para que, acertadamente, venhamos tomar a rota certa. Davi pede em oração, no salmo 31, que o Senhor o guie e o encaminhe.

**Tu és meu rochedo e a minha fortaleza; pela honra do teu Nome, conduze-me e guia-me.**
Salmos 31:3 (Bíblia KJA)

A palavra encaminhar tem o mesmo significado de conduzir. Davi sabia a importância de ser conduzido pelo Senhor. Nós também precisamos ser conduzidos pelo

Senhor em meio a tantas guerras e batalhas que enfrentamos.

**Deus quer nos conduzir através do Espírito!** Temos que ter a sensibilidade de compreendermos que não chegaremos ao lugar da promessa sem Sua **ajuda especial**.

A palavra conduzir no dicionário *Léxico* (Dicionário de Português Online), significa:

*1. Guiar ou dirigir um veículo: conduzir um automóvel;*

*2. Levar algo ou alguém a algum lado ou a certo local; escoltar, acompanhar ou encaminhar: conduzir a paciente até ao consultório;*

*3. Ser o condutor ou transportador de algo ou alguém; transportar, trazer ou carregar; 4. Controlar, gerir ou comandar alguma coisa: é ele que conduz esta empresa;*

*5. Carrear animais; 6. Transmitir, propagar ou passar um comunicado, uma informação, entre outras coisas;*

*7. (Figurado) Nortear, encaminhar ou orientar algo ou alguém;*

O Espírito Santo é quem nos conduz, mas para isso, nós precisamos tomar a decisão certa. Assim, seremos conduzidos e abençoados por Deus. Não podemos brincar nesta vida. Há dias que são cruciais, porque mexem no nosso destino, e tudo depende do caminho que tomamos.

Eu já recebi inúmeras direções de Deus, tanto para a minha vida quanto para a vida de outras pessoas, muitas pessoas. Direções estas que mudaram a história delas e mudaram a minha própria história, pois o nosso Deus é *expert* em dar direções para que as pessoas vivam o sobrenatural Dele.

Uma direção de Deus na sua vida pode mudar o rumo da sua empresa, mudar totalmente os rumos do seu ministério, da sua vida. Nós precisamos buscar a direção de Deus, pois ela pode mudar a nossa história, inclusive na área sentimental. A direção de Deus pode mudar o rumo, até mesmo, de documentos que estão para ser assinados.

## Deus está sempre nos observando

Em certos momentos, me vejo como que sendo observado por Deus, e de fato é assim. Lembre-se de Caim e do que foi falado a ele:

**Se procederes bem, não é certo que serás aceito? Entretanto, se assim não fizeres, sabe que o pecado**

Gênesis 4:7 (Bíblia KJA)

O destino deste homem não, necessariamente, estava traçado, dependia exclusivamente da maneira como ele lidaria com a inveja que estava corroendo suas entranhas. Tudo pode piorar se procedermos erroneamente. Se não administrarmos as situações e sentimentos da maneira que agrada a Deus e sua Palavra, se agirmos pelas nossas emoções, o preço e o peso das más decisões serão destruidores. Caim não corrigiu a direção do seu coração, mesmo ouvindo a palavra de Deus bater na porta do seu coração.

Eis o problema: quando satanás torna nosso coração refém das emoções tóxicas e perigosas, ficamos cegados pelo pecado. E este pecado dá a legalidade que satanás precisa para matar, roubar e destruir.



João 10:10a (Bíblia KJA)

Não rejeite a voz de Deus, isso é uma péssima ideia. *Uma direção de Deus na nossa vida faz toda a diferença.* Por isso a Bíblia diz:

**Crede sem sombras de dúvidas em *Yahweh*, o
SENHOR vosso Deus, e estareis sempre seguros;
confiai nos profetas do SENHOR, e sereis bem
sucedidos!**
II Crônicas 20:20b (Bíblia KJA)

O profeta de Deus tem **a** direção para liberar sobre a vida de uma pessoa, uma direção especial. Nós temos o nosso amigo Espírito Santo, que é nosso conselheiro, nosso guia, nosso ajudador na tomada de decisões. Agora, o Espírito Santo também usa aqueles homens e aquelas mulheres que são cheias de Deus para darem direcionamento para as nossas vidas.

Precisamos buscar de Deus uma direção ***especial*** para a nossa vida. Olhe o que a Bíblia nos diz sobre isso:

**Então o SENHOR veio a Abrão e lhe ordenou: "Sai
da tua terra, da tua parentela e da casa de teu pai, e
dirige-te à terra que te indicarei!**
Gênesis 12.1 (Bíblia KJA)

Deus disse para Abrão: *Sai do meio da sua família. Sai desse lugar em que você está e vai para o lugar que EU lhe mostrar.* Abrão perguntou: *Que lugar é esse, Senhor?* O Senhor simplesmente disse: *Saia!* E o Senhor o guiou.

Abrão já era rico. Ele já estava bem acomodado com a sua família. Ele já tinha o seu quinhão. Seu pai era um homem muito rico, muito influente. Eles já haviam conquistado aquela região. No entanto, a Bíblia diz que Abrão saiu dali para ser dirigido pela voz de Deus. E todos nós sabemos como foi a trajetória de Abrão, após ele ter saído de perto da sua casa e da sua família.

Talvez em seu projeto de vida, Abrão tenha pensado que já estava estabilizado, que sua vida ali já estava bem alinhada e por isso não havia motivos para ele sair de onde estava. Porém, quando Deus quer mexer na vida de uma pessoa, quando Ele quer dar uma direção especial para alguém, o projeto Dele não é levar a pessoa a um lugar inferior, pior, mas sim o de abençoar aquela pessoa.

Abrão ficou ainda mais rico, teve o seu nome ainda mais conhecido. Ele conquistou a promessa de Deus e teve o filho da sua própria esposa, pois Deus abriu a "madre" dela. Abrão recebeu relacionamentos e conexões, através da vitória, com reis, com territórios. A vida dele mudou drasticamente. Ou seja, ele era rico, mas seguindo a direção de Deus, ele ficou mais rico. E o mais lindo disso é que ele conheceu o poder e a magnitude de ser guiado pela voz de Deus.

Seguindo a direção de Deus as coisas que faltavam na vida dele foram completadas por Ele. Entendendo isso, percebemos porque receber uma direção especial de Deus para a nossa vida é tão importante. Compreendemos que não dá para tomarmos qualquer decisão.

Existem momentos na nossa vida que o Senhor vai fazer como fez a Abrão. Ele vai dizer: *Sai da tua terra e da tua parentela.* Isso aconteceu comigo. Eu pastoreei por muitos anos uma igreja na fronteira do Rio Grande do Sul e enfrentei muitas coisas, mas venci... com o Senhor vencemos qualquer batalha. E chegou um momento da minha vida em que a igreja estava estabilizada, estava crescendo... estava muito linda.

Contudo, em um determinado dia, eu fui orar na igreja. Eu estava sentindo uma tristeza muito grande (percebo com muita clareza quando Deus quer falar comigo, quando Ele deseja me falar algo específico). Então, enquanto eu estava orando, o Espírito Santo falou comigo e disse assim: *Você está me desobedecendo.* E eu questionei, dizendo: *Deus, como? A igreja está cheia, nós temos vários cultos na semana. Todos os cultos estão cheios. A igreja é conhecida na cidade, as pessoas estão vindo...* E o Senhor disse: *Você está me desobedecendo.* Aí eu perguntei: *Em que eu estou Lhe desobedecendo?* (Porque a igreja estava crescendo e eu não estava em pecado, então, aos meus olhos naturais, estava tudo certo.) Mas Deus disse para mim que eu estava **fora da direção**.

Então, o Senhor disse assim: *Eu disse para você que já era para você ter ido embora daqui!* E eu pensei: *Deus, eu ir embora daqui? Eu já tinha até desistido disso* (Só para esclarecer: por minha vontade própria já havia tentado outras vezes). Mas o Senhor disse para mim: *Você tem que ir embora.* E me deu todo o projeto de como eu deveria fazer, de como vir para a cidade em que estou agora. E Ele disse ainda que se eu fizesse o que Ele estava me mandando, iria me abençoar muito mais. E foi o que aconteceu.

Eu cheguei para minha esposa e disse a ela que Deus havia falado comigo e o que Ele havia dito. Ela se espantou e disse: *Como que Deus falou contigo se agora que as coisas estão ficando boas?*

Quem é pastor sabe que um pastor passa por vários momentos. Eu passei aqueles momentos de baixa, aqueles momentos de muita provação, muita dificuldade, quando temos que orar para que o valor do aluguel venha, para que o valor para a água e para a luz cheguem. E eu sei que muitos já viveram essa história, ou estão vivendo isso. E sei que durante essas etapas aprendemos a confiar em Deus, pois Deus nunca nos abandona, Ele sempre é fiel. E, finalmente, cheguei em um momento de honra na cidade onde morava e pastoreava.

Mas, por fim, a minha esposa entendeu e concordou. Então viemos para Santa Maria – RS, onde estamos até hoje. Todavia, confesso que no início me deu vontade de voltar, de retornar. Porque eu cheguei a uma cidade que eu não conhecia.

Aqui nós já tínhamos igreja, mas ela era pequena (hoje ela é bem grande). Mesmo seguindo a direção de Deus, foi muito difícil me ajustar, porque lá onde eu pastoreava já estava tudo pronto e aqui eu precisava trabalhar muito para chegar naquele tempo que Deus queria que a igreja chegasse.

Deus me abençoou quando eu tomei a decisão certa e, hoje, muitas coisas estão acontecendo no meu ministério pelas decisões que foram tomadas. Quando você recebe uma **direção especial** de Deus para a sua vida e você obedece, Ele lhe abençoa, as promessas Dele se cumprem.

Deus fala muito isso comigo, sobre dar **direção** para a vida das pessoas, direção para o caminho delas, direção para a família delas, direção para os seus negócios, para o seu ministério.

Um dia Deus falou para eu escrever um livro e eu lhe disse que eu tinha muita dificuldade de fazer isso, mas obedeci. O resultado é que o primeiro livro já foi escrito. Deus me disse que meus livros vão atravessar os continentes e serão traduzidos para várias línguas. Quem imaginaria que o menino que tinha problemas com a escrita, que teve que preencher vários livros de caligrafia e de quem a letra era quase indecifrável para as professoras, agora está escrevendo o seu segundo livro? É cômico e ao mesmo tempo me enche de esperança e fé. Deus diz na sua palavra:

**Pelo contrário, Deus escolheu justamente o que para o mundo é insensatez para envergonhar os sábios, e escolheu precisamente o que o mundo julga fraco para ridicularizar o que é forte. Ele escolheu o que do ponto de vista do mundo é insignificante, desprezado, e o que nada é, para reduzir a nada o que é,**

1 Coríntios 1: 27-28 (Bíblia KJA)

Assim como Abrão se tornou um homem de nações quando obedeceu, eu era conhecido na minha cidade, mas depois da direção de Deus, também me tornei um homem de nações. Isso porque nossos vídeos chegam a todos os lugares do mundo e são assistidos por milhares e milhares de pessoas.

No Japão, comunidades inteiras se reúnem para assistir aos nossos vídeos. Nos Estados Unidos, famílias se reuniram para receber de Deus e buscar durante as *lives*. Na Europa, na África... em vários continentes do mundo, pessoas estão escutando essas mensagens e muitas delas estão sendo ativadas, destravadas.

Deus tem falado muito comigo, de que há muitos lugares onde as pessoas estão travadas, e as coisas ao seu redor também estão travadas: a igreja, o ministério, a empresa, a vida sentimental... as coisas não acontecem, não vão. Se você se sente assim, você precisa de uma direção especial. Uma direção especial de Deus vai mudar a sua vida, a sua história.

As direções de Deus, efetivamente, mudam nossas histórias, porque os planos Dele são maiores que os nossos, os pensamentos Dele **sempre** são melhores que os nossos:

**Porquanto somente Eu conheço os planos que determinei a vosso respeito!', declara *Yahweh*, 'planos de fazê-los prosperar e não de lhes causar dor e prejuízo, planos para dar-vos esperança e um futuro melhor. Então me invocareis e chegareis a mim para orar, e Eu vos darei toda a atenção.**
Jeremias 29:11,12 (Bíblia KJA)

No Senhor temos a palavra certa. Todo desenho de Deus para nós está em seu pensamento. Se conseguirmos adentrar na presença de Deus, teremos a estratégia certa para aquele dia. Penso que da mesma maneira que o desenho de Deus veio a Moisés, para a construção e preparação da tenda da congregação, o desenho de Deus virá a nós, se tivermos acesso aos pensamentos de Deus. Talvez você pergunte: *É possível conhecer os pensamentos de Deus?* Sim, é sim, e vou mostrar a você um versículo que fala justamente sobre isso:

**Quem jamais conheceu a mente do Senhor, para que possa instruí-lo? Todavia, nós temos a mente de Cristo!**

1 Coríntios 2:16 (Bíblia KJA)

Se aquele que nasceu de novo tem a mente de Cristo, então os pensamentos de Cristo foram colocados dentro de mim. A grande questão é porque isto não está na nossa mente?

# 2 - Falta de discernimento: um problema sério

Quando Naamã já estava a certa distância, *Guehazi*, Geazi, o servo de *Elishá*, Eliseu, o homem de Deus, protestou: "O meu senhor poupou este sírio Naamã, negando-se aceitar dele alguma gratificação do muito que trazia! Tão certo como vive o SENHOR, irei atrás dele e receberei dele alguma recompensa!" Em seguida, partiu Geazi às pressas com o objetivo de alcançar Naamã, que, percebendo sua aproximação, parou sua carruagem e desceu para encontrá-lo e indagou: "O que houve? Está tudo bem?" Ao que Geazi respondeu prontamente: "Sim, tudo bem. Mas meu senhor enviou-me para informar-te que dois jovens irmãos, discípulos dos profetas, acabaram de chegar, vindos dos montes de Efraim. Portanto, rogo-te, dê-lhes um talento, trinta e cinco quilos de prata, e duas vestes de gala!" Diante do que Naamã respondeu generosamente: "Aceita, pois, dois talentos!" Ele insistiu com Geazi para que aceitasse aquela oferta e colocou os setenta quilos de prata em duas sacolas, com as duas mudas de roupas finas, e entregou tudo a dois de seus servos, os quais foram à frente de Geazi, transportando as sacolas. Assim que Geazi chegou à colina onde Eliseu morava, tomou as sacolas das mãos dos servos de Naamã e as guardou em casa. Ordenou que os servos retornassem, e eles partiram. Em seguida entrou e apresentou-se ao seu senhor Eliseu. E este lhe indagou: "De onde vens, Geazi?" Ao que ele replicou: "Teu servo não foi à parte alguma!" No entanto Eliseu lhe afirmou: "Porventura não fui contigo em espírito, quando aquele homem voltou do seu carro ao teu encontro? Certamente este não era o momento para receberes prata e roupa, tampouco para cobiçares olivais, vinhas, ovelhas, bois, servos e servas! Por esse motivo a lepra, a enfermidade que assolava a pele de Naamã, atingirá a tua pessoa e todos os teus descendentes para sempre!" E assim Geazi saiu da presença de Eliseu já leproso, e seu corpo parecia coberto de neve.

II Reis 5: 20-27 (Bíblia KJA)

Não é possível recebermos, do Senhor, uma direção especial, se não discernirmos a maneira exata que o Senhor está nos falando. Poucos dias atrás recebi um *zap* de um irmão do norte do Brasil, ele havia me mandado um *zap* de um áudio que estava "viralizando" entre cristãos: Uma menina teve um sonho impactante, realmente. Ela sonhou com muitos terremotos, em várias partes do Brasil, e que milhares e milhares iriam morrer. Eu não duvidei do sonho, até acredito que o sonho era profético, mas a maneira como foi interpretado é que estava errado. Não concordei com a interpretação literal daquele sonho. A interpretação que o Senhor me concedeu é que o sonho retratava uma condição espiritual naqueles estados.

Essas más interpretações são negativas, ruins até para o ministério profético, pois quando se fala algo que, supostamente, foi Deus que revelou e não acontece, o descrédito é total. Por isso, discernimento espiritual é uma das qualidades mais necessárias para um homem de Deus. **Pessoas sem discernimento cometem erros gravíssimos**. O discernimento espiritual é a capacidade dada pelo Espírito de receber a leitura exata de uma palavra, visão ou manifestação dada como de Deus.

Não podemos cometer a falha de não julgar uma profecia ou revelação. Ao contrário do que muitos pensam, julgar uma revelação é tão espiritual quanto profetizar ou ter visões.

> **Tratando-se de profetas, falem dois ou três, e os outros julguem com zelo tudo o que foi dito. 33 Porquanto Deus não é Deus de desordem, mas sim de paz. Como em todas as assembleias dos santos, 40 Porém, que tudo seja realizado com decência e ordem!**
>
> 1 Coríntios 14: 29,33,40. (Bíblia KJA)

O Servo de Eliseu julgou mal a atitude do seu mentor espiritual. Faltou-lhe o discernimento para compreender os motivos do profeta em não aceitar os presentes das mãos do comandante Naamã. Como fruto da má interpretação, Geazi perde sua saúde e seu chamado profético. Geazi não discerniu o caráter do profeta e sua maneira silenciosa de lidar com pessoas imbuídas de autoridade. Também noto que este servo parece pensar que Eliseu estava muito velho e ultrapassado. Ou seja, julgou segundo a aparência e não com a mente de Deus:

**Entretanto, *Yahweh* assegurou a Samuel: "Não te impressione diante da aparência nem da estatura desse homem, pois Eu o rejeitei. Eis que Deus enxerga não como o ser humano vê, porquanto o homem julga e toma em elevada consideração a aparência, mas o SENHOR sonda o coração."**

I Samuel 16:7 (Bíblia KJA)

Como erramos em nossos conceitos, sobre o que o Senhor pensa a respeito de algo ou alguém... Não podemos discernir baseados no que estamos vendo. Até um sonho, devemos analisá-lo sob o crivo das Escrituras, em primeiro lugar, e em segundo lugar, com o discernimento espiritual. Não existe EU ACHO, é segundo a mente de Deus. Em toda direção que o Senhor nos dá, precisamos ter certeza total. Não podemos fazer como muitos hoje em dia, que, por não entenderem as coisas espirituais, acabam se precipitando e, através de "achologias" (ou seja, sua carnal capacidade de compreensão), perdem o sentido correto das coisas.

Não é porque existe a possibilidade de eu ganhar algo, que devo me aproveitar da situação para obter um mísero destaque ou uma vantagem financeira passageira.

**Mas há mais um absurdo sobre a face da terra: justos que são castigados como se fossem ímpios, e perversos que são tratados com a dignidade devida aos homens de bem.**

Eclesiastes 8:14 (Bíblia KJA)

NOSSO ESFORÇO DE RECONHECIMENTO É FÚTIL. RECONHECIMENTO PRÓPRIO É UM VENENO PERIGOSO.

Há alguns dias recebi um *WhatsApp* de uma pessoa próxima a mim. Assisti a um trecho de um pequeno vídeo, vídeo este que tem "viralizado" na Internet. Pessoas de todas as partes estão o compartilhando em grupos de *WhatsApp* e também no *YouTube*.

Já no primeiro momento que tive contato com aquela informação, algo no meu espírito não aceitou aquela profecia e visão. E o Senhor falou comigo que aquele homem estava fora do tempo de Deus.

Existem tantas falsas profecias aceitas como verdade, quando não o são. E o problema disso é que, ao não se cumprirem, o que fica "queimado" é o ministério profético.

**Não é porque algo é bem contado e existe uma aparente manifestação grandiosa, que devemos aceitar**. A questão é a seguinte: Deus falou? O que o Espírito testifica dentro de você?

Em certa feita, ouvi alguém contando o testemunho de uma aparição sobrenatural de Deus que pessoas choravam ouvindo, mas dentro de mim não havia confirmação nenhuma daquilo. Então alguém pode me questionar dizendo: *Profeta, será que você estava ouvindo bem ao Senhor naquele momento?*

Sim. Como disse, não me importo se a palavra da minha boca for julgada, mas não me resta dúvida nenhuma quando o Senhor fala comigo. Mas para ter a comprovação de que realmente estava certo, perguntei a duas outras pessoas, que sei que são espirituais, e elas me disseram a mesma coisa que o Senhor havia ministrado no meu espírito.

Ainda assim, aguardei alguns dias e observei, para ter mais certeza do que realmente estava asseverando. Após ter esperado alguns dias, não vi grandes mudanças na vida dessa pessoa, então recebi a confirmação do Espírito Santo que de fato aquela experiência não foi sobrenatural. Precisamos entender que alguém que tem uma experiência com Deus nunca mais será a mesma pessoa, sua vida é tocada de tal maneira que é inevitável uma mudança visível na vida dela.

Quando algo não é discernido de forma correta, facilmente o povo de Deus é enganado. O diabo, por sua vez, aproveita dessa premissa para causar medo e gerar pânico, para que pessoas desviem-se do projeto de Deus. Esta é uma das armas do nosso arqui-inimigo.

**Contudo, aquele que é espiritual pode discernir todas as coisas, e ele mesmo por ninguém é compreendido;**

1 Coríntios 2:15 (Bíblia KJA)

**Mas a manifestação do Espírito é dada a cada um, para o que for útil. Porque a um pelo Espírito é dada a palavra da sabedoria; e a outro, pelo**

**mesmo Espírito, a palavra da ciência; E a outro, pelo mesmo Espírito, a fé; e a outro, pelo mesmo Espírito, os dons de curar; E a outro a operação de maravilhas; e a outro a profecia; e a outro o dom de discernir os espíritos; e a outro a variedade de línguas; e a outro a interpretação das línguas. Mas um só e o mesmo Espírito opera todas estas coisas, repartindo particularmente a cada um como quer.**

1 Coríntios 12:7-11 (Bíblia KJA)

Todas as igrejas deveriam possuir o dom de discernimento de espíritos, ou pelo menos alguém com este tão precioso dom, visto que existem os extremismos, e que mais são para perda e não para ganho.

Discernimento não é uma visão de *raio x*, pela qual se vê tudo, não se trata disso. Trata-se de uma capacidade dada por Deus para julgar e interpretar, dentro da noiva de Jesus. Alguém dotado desta habilidade é capaz de discernir quando algo é de Deus ou não. Com o discernimento você será habilitado para aprovar ou desaprovar, vendo ou ouvindo o que vem ou não vem do Espírito de Deus.

Tem tantas coisas que foram aceitas dentro da igreja, coisas estas que passaram "batidas", tudo por não haver um profeta dando direção e advertindo a igreja e os pastores. Então, o que deveria ser permitido e dado a liberdade foi proibido, e o que deveria ter sido proibido foi permitido.

Cada dia mais vejo o quanto a igreja foi dividida por classes e grupos, tudo isso porque não houve por muito tempo a ministração do profético de forma ordeira e saudável. A voz profética foi suprimida em muitas igrejas e não julgada por outras tantas.

# 3 - DIREÇÃO:
## Acordar espiritualmente

Há pessoas que estão travadas, impedidas de seguir o destino que Deus tem para elas. Caíram em uma rotina. Assim como eu caí em uma rotina e vivi dez anos paralisado, com os dons de Deus engessados na minha vida. Então, eu recebi uma direção do Espírito Santo e essa direção, que eu segui, despertou completamente tudo aquilo que já havia morrido dentro de mim.

Assim estão muitas pessoas, desanimadas, cansadas, já não tem mais um sonho pessoal. Elas vivem para algo, muitas vezes até para manter o que tem. Vivem para manter o trabalho, vivem para manter a casa, vivem para manter a vida que possuem, mas os sonhos pessoais foram abandonados há muito tempo. Não sonham mais e isto está errado, porque Deus não nos criou para vivermos sempre às margens daquilo que Ele tem para nós.

Muitos precisam fazer como Deus fez com Abrão:

**Contudo, Abrão declarou: "Ó Todo-Poderoso SENHOR, meu Deus! De que valerá uma grande recompensa se continuo sem filhos? Eliézer de Damasco é quem vai herdar tudo o que tenho. Tu não me concedeste descendência, e por esse motivo um dos meus servos, nascido na minha casa, será o meu herdeiro!" Então imediatamente lhe assegurou o SENHOR: "Não será Eliézer o teu herdeiro; mas, sim, filho gerado de ti mesmo será o teu legítimo herdeiro!" Então o SENHOR conduziu Abrão para fora da tenda e orientou-o: "Olha para os céus e conta as estrelas, se é que o podes". E prometeu: "Será assim a tua posteridade!" Abrão creu no SENHOR, e isso lhe foi creditado como justiça.**

**Gênesis 15: 2-6 (Bíblia KJA)**

Assim como Abrão, muitos precisam olhar para dentro de si e perguntar-se: *Será que estou contemplando as promessas de Deus na minha vida? Será que eu estou vivendo as promessas de Deus?*

Deus tirou Abrão de dentro da tenda e disse: *Olha para o céu, olha para as estrelas do céu. Vê se tu podes contar quantas estrelas há no céu.* Abrão disse: *Senhor, isso é impossível.* E o Senhor disse: *Assim será a sua descendência.*

O nosso Deus sempre tem planos e projetos muito maiores, para nós, do que  podemos imaginar. Não é da vontade de Deus que vivamos a vida inteira de cabeça baixa, saindo da casa para o trabalho, do trabalho para a igreja, da igreja para casa. Pois assim, passarão os dias, as semanas, passarão os anos e não chegaremos à totalidade do nosso potencial, daquilo que Deus tem para a nossa vida.

O que Deus tem planejado para nós, aqui nessa terra, é maior do que nós temos vivido, é maior do que eu tenho vivido. Eu estou começando a compreender o que Deus tem para a minha vida. Da mesma maneira, você precisa compreender o que Deus tem para a sua vida.

Às vezes nós precisamos sair daquela redoma em que está a nossa vida. Uma redoma é como se fosse uma grande bolha da qual a pessoa não sai, vive ali. Só consegue pensar no *ali*, naquilo que os seus olhos podem ver, no que está ao alcance dos seus olhos.

É por isso que o diabo coloca tantos pensamentos de dúvida, de incerteza. Por isso que ele tenta nos fazer desistir dos projetos, dos planos de Deus para a nossa vida. Ele trabalha para isso, para que percamos a perspectiva. E isso é triste. É muito triste quando alguém perde a perspectiva, perde a esperança. Não vê mais futuro. Não tem mais sonho, não tem mais projeto pessoal, só vive para aquilo que está acostumado. Vive como se estivesse entrado no automático.

Você já teve um carro automático? Que tem o botão automático? Nesses carros você pode chegar a uma determinada velocidade, aperta o botão chamado *Cruise* e o carro mantém aquela velocidade. Exatamente assim está a vida de muitas pessoas: entraram no automático.

O Espírito Santo tem me falado nesses dias que é tempo de despertar. É tempo de você despertar para o seu chamado, é tempo para você despertar para os projetos e planos que Deus tem para a sua vida. O automático é muito perigoso, a rotina é perigosa.

Tem uma palavra com a qual talvez você se identifique:

**Desperta, tu que dormes e levanta-te dentre os mortos e Cristo te iluminará.**
Efésios 5:14 (Bíblia KJA)

Olhe só o que o Apóstolo Paulo estava falando pelo Espírito Santo à igreja: ***Desperta! Você que está dormindo, você que está travado. Desperta! Desperta! Desperta!***

Quantos estão em um estado de letargia dentro da igreja, insensíveis e acomodados em sua vida no reino de Deus? Quando a igreja dorme, ela fica estagnada e as promessas não podem ser cumpridas. Esta mornidão faz muitos príncipes de Deus perderem seus ministérios.

Empresários cristãos, que não estão aliançados com o Espírito Santo, estão apanhando economicamente, ou em seu casamento, por não estarem combatendo suas batalhas com armas espirituais.

## I) SONOS

### A) O sono da imprudência: Sansão

Sansão descuidou ou foi imprudente em relação ao seu voto com Deus: Este sono espiritual custou caro a Sansão:

**Fazendo com que Sansão adormecesse no seu colo, ela chamou um homem para vir e rapar todo o cabelo e as sete tranças da cabeça de Sansão. Depois o afligiu e humilhando-o viu suas forças se esvaírem.**
Juízes 16:19 (Bíblia KJA)

**Tal sono lhe custou a moral, honra, força e, por fim, a própria vida.** Ele não imaginava o quão sério era brincar com as coisas de Deus. Quando Ele despertou já era tarde demais, já havia perdido sua unção. Os inimigos já estavam entrando para o prenderem e a vergonha já estava com suas armas apontadas para desgraçar sua linda história. Como perdemos quando o sono espiritual entra em nossas vidas...

### B) *O sono da indiferença: A sonolência de Jonas*

**Todos os marinheiros foram tomados de grande pânico, e cada um daqueles homens passou a clamar ao seu próprio deus. Em seguida lançaram ao mar a carga do navio, com o propósito de deixar a embarcação mais leve. Jonas, no entanto, havia se refugiado no porão do navio; e, tendo-se deitado, dormia profundamente.**

Jonas 1:5 (Bíblia KJA)

**Tal sono lhe custou tensas tempestades e terríveis prejuízos aos que estavam em sua companhia.** Você pensa que este sono espiritual está prejudicando apenas a você? Está aí a prova que muitos não percebem. Muitos estão sofrendo com sua falta de posicionamento espiritual. Sua esposa, seus filhos, funcionários ou igreja já estão recebendo chumbo grosso do inferno, pela sua pouca oração, pela sua infidelidade a Deus, comodismo no Reino e troca de prioridades. Enquanto você devia estar orando e se alinhando com Deus, está atirado no sofá, assistindo dois ou mais filmes por dia, se divertindo com os amigos, e com aquela sensação que você sabe que algo está faltando dentro de você.

O que você pensa ser a sua consciência é a voz do Espírito Santo lhe convencendo desta mornidão. Que tempestade tem visto nestes últimos meses? Tempestades financeiras, perdas de negócios, pouco dinheiro (e não atribua isto a economia da sua nação, sabemos que Deus sustenta até no deserto)? Tempestades familiares, problemas com a rebeldia do filho  e a vida boêmia dele, embates constantes entre vocês? Tempestade conjugal, beirando o divórcio, um relacionamento tomado de brigas, gritos e xingamentos? Não bastasse isso, poderia aqui falar das enfermidades, das perdas, do mal-estar, das coisas quebrando e por aí afora.

Por isso, precisamos despertar para o propósito que Deus tem para nós, antes que maiores consequências venham. Vemos que Jonas entendeu que o Senhor estava agitando aquelas ondas e que se ele permanecesse em seu estado de indiferença, ignorando os sinais de Deus, todos iriam ter um fim trágico.

### C) *O sono da displicência: A sonolência dos apóstolos*

**Então lhe apareceu um anjo do céu, que o confortava. E, posto em agonia, orava mais**

Enquanto eles dormiam, Jesus sofria. Enquanto eles dormiam, não viram aquela manifestação sobrenatural. As pessoas perdem muito tempo por não valorizarem as instruções de Deus. São demoradas em obedecer e também em entender as coisas que Deus está lhes mostrando. O homem tem por hábito tratar as coisas de DEUS sem o valor devido.

Nosso desinteresse é pelo desconhecimento da simplicidade poderosa que está diante de nós. Por trás de todo princípio espiritual, tem uma grande glória de Deus a ser manifesta, pronta, aguardando.

Se eles tivessem se mantido despertos, não perderiam a grande manifestação da glória de Deus que estava no jardim. Da mesma forma quando somos impelidos pelo Espírito a estar em uma vigília ou em um culto específico e ignoramos a voz do Senhor podemos perder o que Deus havia preparado para que nosso olhos contemplassem. Grandes bênçãos são perdidas por não nos esforçarmos nas ordens de Jesus.

Se eu fosse convidado pelo Mestre para acompanhá-lo e para vigiar enquanto Ele orasse, nem piscaria. Porque cremos mais no que vemos, e não entendemos a dimensão da revelação de Deus impressa no nosso espírito.

Isso precisa mudar. Tudo que precisamos é de uma palavra do mestre para nós mover. E então ele moverá sua mão poderosa em nossa favor, abrindo portas e liberando suas promessas.

### D) *O sono da distração: A sonolência de Êutico.*

**Certo jovem chamado Êutico, que estava sentado numa das janelas, adormeceu profundamente durante o longo sermão de Paulo. Vencido pelo sono, caiu do terceiro andar. Quando tentaram erguê-lo, já estava morto.**

Atos 20:9 (Bíblia KJA)

**Tal sono lhe custou uma horrível queda e consequentemente sua própria vida**. Graças a Deus, a Bíblia nos fala que Êutico não morreu por uma intervenção divina.

Um sono no lugar errado e na hora errada: perdeu o culto. Quantos estão perdendo cultos e mal sabem que já começaram em processo de queda espiritual. Lembre-se que congregar também é algo espiritual.

Dormiu no lugar errado e CAIU. Esta vida não é brincadeira. Tem tubarões, leões estão lá fora. **Nossa proteção está na Casa do Senhor.**

Muitos caem por estarem tomados por um profundo sono. Esse sono ao qual me refiro é o sono espiritual. Sono gerado:

- pelo comodismo;
- pela mesmice;
- pela esterilidade;
- pela precipitação em um relacionamento;
- pelo sucesso profissional e financeiro.

De tudo que não for bem administrado, um dia haverá uma prestação contas, inclusive na vida espiritual. Acredito que Deus me usa na interpretação de sonhos, me usa em profecia, em palavras do conhecimento, mas Ele tem me usado, nesses dias, para ser um despertador na vida de muitas pessoas que estão estagnadas, paralisadas.

Você lembra das dez virgens? Cinco sábias e cinco loucas?

**Portanto, o Reino dos céus será semelhante a dez virgens que pegaram suas candeias e saíram para**

encontrar-se com o noivo. Cinco delas eram sábias, mas outras cinco eram inconsequentes. As que eram inconsequentes, ao pegarem suas candeias, não levaram óleo de reserva consigo. Entretanto, as prudentes, levaram óleo em vasilhas, junto com suas candeias. O noivo demorou a chegar, e todas ficaram com sono e adormeceram. À meia-noite, ouviu-se um grito: 'Eis que vem o noivo! Saí ao seu encontro!' Então, todas as virgens acordaram e foram preparar suas candeias. As insensatas recorreram às sábias: 'Dai-nos um pouco do vosso azeite, porque as nossas candeias estão se apagando'. Porém as sábias responderam: 'Não podemos, pois assim faltará tanto para nós quanto para vós outras! Ide, portanto, aos que o vendem e comprai-o'. Mas, saindo elas para comprar, chegou o noivo. As virgens que estavam preparadas entraram com ele para o banquete de núpcias. E a porta foi fechada. Mais tarde, todavia, chegaram as virgens imprudentes e clamaram: 'Senhor! Senhor! Abre a porta para nós!' Contudo ele lhes respondeu: 'Com certeza vos afirmo que não vos conheço'.

Mateus 25: 1-12 (Bíblia KJA)

As sábias trouxeram azeite-reserva, as loucas não trouxeram. Quando chegou o noivo, as sábias estavam preparadas, mas as loucas não. Na hora que o noivo chegou, não tinham azeite. Quanta gente está assim, como estas virgens loucas, imprudentes, néscias, que não trouxeram azeite-reserva? Estão dormindo.

Sabe por que muitas pessoas têm perdido oportunidades? Porque não tem azeite fresco do Espírito Santo nas suas vidas. Acostumaram-se a isso e acabaram dormindo. O Rei Davi (eu sempre lembro disso), estava sempre em uma busca frenética de conquista, porque o ser humano foi criado para conquistar. Trago essa experiência para nós: Nós fomos criados para expandir. A própria palavra de Deus diz que nós precisamos crescer e multiplicar:

**E Deus os abençoou, dizendo: Frutificai, e multiplicai-vos, e enchei a terra, e sujeita-a;**

Gênesis 1:28a (Bíblia KJA)

Mas a Bíblia diz que o Rei Davi foi tirar uns dias no palácio e ficou muitos dias ali:

**Na época da primavera, no tempo em que os reis costumavam sair para as batalhas, o rei Davi enviou Joabe, e com ele os seus oficiais e todo o exército de Israel; e eles destruíram os amonitas e sitiaram Rabá. Entretanto, Davi permaneceu em Jerusalém. Um dia, após o almoço, Davi levantou-se depois de ter dormido um pouco, e foi passear no terraço do**

**palácio real. Do terraço avistou uma mulher que banhava-se. E notou que era uma mulher muito bonita. Davi desejou saber quem era aquela mulher. Ao que lhe informaram: "O nome dela é Bat-Shéva, Bate-Seba, filha de Eliã e esposa de Urias, teu servo heteu. Então Davi mandou que a trouxessem para ele, e teve relações sexuais com ela, que havia concluído o tradicional ato de purificação em função do ciclo menstrual. Depois ela retornou para sua casa.**

II Samuel 11: 1-4 (Bíblia KJA)

O que aconteceu foi que ele acabou entrando em uma rotina. E aquela rotina o impediu de ser aquele conquistador que Deus havia o levantado para ser. E, por estar naquela rotina, também entrou em uma espiral em que muitos entram, na qual se acomodam, param de conquistar, param de ir à guerra, param de tentar, de tentar fazer diferente.

Pessoas que se acostumaram e entraram em um ciclo vicioso de só trabalho, ativismo e na ânsia de produzir e se sustentar, se condicionaram à expressão *Eu tenho que*. Eu tenho que produzir, eu tenho que fazer visitas (pastores). Eu tenho que fazer isso e isso e mais aquilo...

Precisamos sair dessa redoma, ir para a presença de Deus e começar a ver os planos e projetos que Ele tem para a nossa vida. E por que eu digo isso? Porque Davi foi tentado e a tentação o venceu. Ele deitou com Bate-Seba porque havia perdido o espírito conquistador. Havia perdido aquele espírito de querer mais de Deus.

E muitos estão assim, acostumados com o negócio que tem, com a igreja que tem, acostumados com a situação financeira... perderam aquele ânimo que tinham de querer mais, de vislumbrar as promessas, de ver além do que seus olhos naturais podem ver. Por outro lado, há aquelas pessoas que têm a visão perfeita de planos e grandes realizações idealizadas por Deus, no entanto não conseguem a realização destes sonhos e projetos, porque estão paralisadas.

Para que consigamos atingir toda a plenitude da vontade de Deus para nós, é preciso ir além, é necessário um destravar, é fundamental a presença Daquele que vive, para que isso se torne realidade.

Precisamos de uma direção do Espírito Santo para rompermos, para atirarmos a linha no lugar certo. Quando Pedro e os outros chegaram de uma pesca muito frustrante, na qual eles passaram a noite inteira tentando pescar e não conseguiram nada, Jesus disse:

*Vamos retornar. E eles disseram: Senhor, nós já não tivemos sucesso, mas sob a tua palavra nós iremos retornar:*

**E aconteceu que, num determinado dia, Jesus estava próximo ao lago de Genesaré, e uma multidão o espremia de todos os lados para ouvir a Palavra de Deus.  Ele observou junto à beira do lago dois barcos, deixados ali pelos pescadores, que havendo desembarcado, cuidavam de lavar suas redes.  Então, entrou num dos barcos, o que pertencia a Simão, e lhe solicitou que o afastasse um pouco da praia. E, assentando-se, do barco ensinava o povo.  Assim que acabou de ministrar, dirigiu-se a Simão e aos demais, e lhes pediu: "Ide para onde as águas são mais profundas e lançai as vossas redes para a pesca!"  Ao que lhe replicou Simão: "Mestre, tendo trabalhado durante a noite toda, não pegamos nada. Todavia, confiando em tua Palavra, lançarei as redes.  Assim procederam e pegaram enorme quantidade de peixes, tanto que as redes começaram a se romper.  Por esse motivo acenaram aos seus amigos no outro barco, para que viessem ajudá-los.**

Lucas 5: 1-7 (Bíblia KJA)

Eles retornaram, fizeram **como** Jesus disse, e, tiveram a maior pesca da história da vida deles.

O que o Espírito Santo está dizendo é: *Você precisa de uma direção,* **você precisa de uma palavra de destravamento**. *Você precisa de um "rhema" do Espírito Santo. Você não pode se acomodar.* ***Você não pode estar feliz com essa situação!*** Aí Você pode dizer: *Mas o que eu vou fazer?*

Eu lhe digo: *Você tem muito para fazer, há muito o que você fazer! Você pode mudar isso.* ***Você pode mudar essa história***, *você pode mudar o rumo das coisas.* Mas para isso, duas coisas são fundamentais:

**Primeiro:** ouvir a voz de Deus. Se você ouvir a voz de Deus, você vai ter esse destravar em sua vida. **Segundo:** operar, ativar, acionar o ânimo que estava paralisado. Fazendo essas coisas você viverá o rompimento que Deus tem para a sua vida. Ative sua vida Espiritual.

Isto é, ouvir e Obedecer. Ouvir e sair adiante, para que você viva as promessas que o Senhor tem para a sua vida.

# 4 - Direções Especiais para as finanças

**Tragam o dízimo todo ao depósito do templo, para que haja alimento em minha casa. Ponham-me à prova", diz o Senhor dos Exércitos, "e vejam se não vou abrir as comportas dos céus e derramar sobre vocês tantas bênçãos que nem terão onde guardá-las. Impedirei que pragas devorem suas colheitas, e as videiras nos campos não perderão o seu fruto", diz o Senhor dos Exércitos.**

Malaquias 3: 10-11 (Bíblia KJA)

Talvez você esteja cansado de ouvir estes versículos toda vez que os dízimos e ofertas são ministrados na igreja. Mas esta repetição tem um propósito, e não é arrancar seu dinheiro, e sim ensinar você a prosperar. Sempre foi complicado tratar com o ser humano a questão de abrir sua mão ou seu coração para algo. Desde criança, o egoísmo é evidência deste apego que temos com que é nosso ou que está em nosso poder.

Geralmente, uma criança não quer dividir o que é dela. Nós também, **não queremos dividir com a fé o que conquistamos com esforço e suor.** Mas se pararmos por um instante e começarmos a pensar que tudo o que conquistamos foi com a participação de Deus, provavelmente isso gerará em nós pelo menos um desejo de buscar o entendimento sobre este assunto. Afinal de contas, se trabalhamos é porque temos saúde e se nos movemos é porque alguém nos criou com duas pernas, com a possibilidade de ir e vir.

**Portanto dele, por Ele e para Ele são todas as coisas. A Ele seja a glória perpetuamente! Amém.**
Romanos 11:36 (Bíblia KJA)

Partindo deste conhecimento, vou lhes contar algo: Desde minha mocidade, com 14 anos, aprendi a dizimar. Havia acabado de me batizar e, chegando à igreja tradicional onde congregava, avistei meu pastor, (na época de longe) e fui até ele para testemunhar minha decisão de servir a Cristo e falar da sensação maravilhosa que estava sentindo, dentro de mim, por descer às águas. Quando estendi a mão para cumprimentá-lo, abri um sorriso e disse: *Me batizei hoje, pastor.* E ele me disse: *Que benção, já lhe ensinaram a dizimar?* Desconcertado com aquela pergunta, respondi que não, mas respondi que iria, sim, dizimar.

Saí daquele culto chateado, porque pensei estar sendo cobrado. Ao chegar a minha casa, comecei a pesquisar sobre o dízimo e vi que realmente era bíblico. (Não havia esta série de ensinos contrários ao dízimo como existe hoje na internet). Comecei a dizimar dos trocados que recebia dos meus pais, pois tínhamos comércio ao lado de casa, então eu estudava pela manhã e trabalhava à tarde.

Desde aquele momento até hoje nunca parei de dizimar. Se hoje estou sendo abençoado, de várias formas, é porque lá atrás me foi ensinado, sem rodeios, sobre esta e outras direções especiais que hoje são uma estrutura muito forte na minha vida.

Hoje aconselho os jovens da minha igreja e ensino para eles que não ter um salário não os isenta desta tão importante lei espiritual, de dizimarmos de tudo que nos vem à mão. E um detalhe importante, que não poderia deixar de ressaltar, é que no meu ministério, hoje, dizimo do bruto de nossos eventos, livros e *royalties*, bem como do meu salário e de ofertas que recebo. Não desconto as despesas de hotel, passagens e demais gastos. Você pode me perguntar se não tenho prejuízo fazendo isso. A resposta é um redondo NÃO. Sabe por quê? Porque Deus tem abençoado tudo o que faço. Sempre sobra, e, na verdade, nunca faltou. É exatamente isso, não poderia escrever um livro contando mentiras para você.

Agora que testemunhei da minha vida, segue abaixo alguns princípios que o ajudarão a entender o processo de Deus na nossa vida.

## 1 - Creia que Deus quer que você prospere

Nossa mentalidade tem que crer na natureza doadora de Deus. Ele é chamado na Bíblia de Jeová-Jiré, Deus Provedor:

**Então Abraão deu àquele lugar o nome de *Yahweh-Jireh*, "O SENHOR Proverá". Por isso até nossos dias se diz: "No monte do SENHOR se proverá"!**
Gênesis 22:14 (Bíblia KJA)

Ele **sempre** será o Deus da providência, e se andarmos em obediência, essa lei espiritual nunca falhará. Algumas pessoas não desfrutam do que Deus tem para elas porque acham que é errado esperar receber bênçãos financeiras. Tenho entendido que, para o Senhor, eu sou importante e minhas necessidades também são importantes para Deus. Ele quer me ver feliz em todo tempo:

**Cantem de júbilo e se alegrem os que desejam ver a prova da minha inocência, e repitam continuamente: "Glorificado seja o SENHOR, que tem prazer na felicidade de seu servo!"**
Salmos 35:27 (Bíblia KJA)

Precisamos, sempre, desintoxicar nossa mente com a palavra de Deus:

**A fim de santificá-la, tendo-a purificado com o lavar da água por meio da Palavra,**
Efésios 5:26 (Bíblia KJA)

É fundamental a nossa mente receber libertação pela Palavra de Deus. A fé na Palavra, e em suas promessas, elevam nossa coragem, até para trabalhar, com ânimo. É um hábito que precisamos desenvolver diariamente.

**Abençoado com felicidade é o homem que não segue o conselho dos ímpios, não se deixa influenciar pela conduta dos pecadores, nem se assenta na reunião dos zombadores.**
Salmo 1:1 (Bíblia KJA)

É muito bom assistir a boas pregações, mas essas não substituirão o seu meditar nas Escrituras Sagradas.

Teve um período da minha vida em que estava me sentindo vazio e desanimado e não entendia por que, já que estava assistindo cerca de 4 a 5 horas de pregação todos os dias e devorando quase um livro por semana. Até que conversei com um pastor sobre isso e ele me disse: *Experimente ler mais a Bíblia*. E eu falei que eu estava lendo a Bíblia através das pregações e dos livros. Ele me disse que isto havia acontecido com ele também, mas que ao voltar a ler a Bíblia e intercalar com livros e pregações ele melhorara e eu melhoraria também.

Foi o que fiz. Em menos de três dias estava completamente bem. O vazio havia indo embora. **Percebi que precisava me dedicar mais à leitura da Palavra de Deus.**

## 2 - Respeite a Lei da Semeadura e Colheita

**Não vos enganeis: Deus não se permite zombar. Portanto, tudo o que o ser humano semear, isso também colherá!**

Gálatas 6:7 (Bíblia KJA)

Tudo que você plantar irá colher. Se plantar abóbora, colherá abóbora. Quando planto laranja, colho mais laranjas. Ou seja, eu colho segundo a espécie que planto, e não diferente. Você quer prosperar, jejuando? Quer prosperar fazendo um voto de não faltar aos cultos? Não obterá resposta. Porque **toda colheita é segundo sua espécie**. Tudo relacionado à vida financeira tem que ser precedido com finanças.

Numa certa feita recebi, como oferta, dois rodízios de pizzas em um lugar de alto padrão. Questionado pelos pastores que foram comigo, do por que eles nunca terem recebido como oferta um rodízio de pizzas, perguntei: *Alguma vez vocês plantaram pizzas na vida de alguém?* Eles responderam que não. Prossegui: *Eu já.*

E lhes contei de quando, ainda no começo do meu ministério, Deus me levou a ofertar uma pizza na vida de um casal de pastores que havia ido para a cidade que eu pastoreava. Aquele pastor começou a igreja de forma errada, como muitos começam, falando mal dos pastores da cidade e que o trabalho dele era totalmente diferente dos demais.

Na época eu não tinha carros e dependia de ir de ônibus ou a pé para casa. Minha esposa estava terminando a faculdade de Direito e há pouco tínhamos casado. Comprei uma pizza para, após pegá-la na parada de ônibus, irmos para casa. Enquanto passava pela frente da casa desse pastor, o Espírito Santo falou ao meu coração de semear aquela pizza na vida do dito pastor que falava de todos, inclusive de mim.

Fui bem resistente à direção que o Senhor estava me dando, no entanto decidi obedecer, bati palmas e saíram ele e sua esposa, um pouco temerosos. Contei a eles o que o Senhor havia me falado e sua esposa disse a ele: *Você viu amor, como Deus é bom? Recém as crianças haviam perguntado por que nós não comemos pizza desde que nos mudamos para cá.*

Entendi que eles estavam na prova. Anos se passaram e a minha colheita de pizza não parou até hoje. Você entende que tudo reproduz em nossa vida segundo a própria espécie? Este princípio sempre funcionará para aqueles que crerem.

Com este princípio poderoso você sempre terá um destravar em sua vida financeira.

**Dai sempre, e recebereis sobre o vosso colo uma boa medida, calcada, sacudida, transbordante; generosamente vos darão. Portanto, à medida que usares para medir o teu próximo, essa mesma será usada para vos medir.**

Lucas 6:38 (Bíblia KJA)

A fé, quando usada, destravará uma colheita específica. Seu futuro muda de direção quando você age por fé e liberalidade.

A obediência sempre será recompensada. A fé sempre promoverá sua semente. Identifique a semente que você tem em suas mãos. Ao identificar, semeie em uma terra fértil e que esteja produzindo frutos no Reino de Deus. **Nunca semeie em uma terra que não está cumprindo o ide de Jesus**.

Pense sobre isso: se o dízimo não fosse para ser praticado no Novo Testamento, Jesus iria deixar isso claro, expressamente, em seus evangelhos. Inclusive, Jesus citou o dízimo e não o censurou. Alguns tentando achar base para sua infidelidade a Deus e avareza, apoiam seus argumentos em versículos isolados. Já fui perguntado se quem não dizima perde a salvação. Não, não a perde, mas está ignorando um princípio estabelecido na Palavra de Deus, que traz muitas consequências e perdas financeiras.

**Todos os dízimos da terra, tanto dos produtos das lavouras como dos frutos das árvores, pertencem ao SENHOR; são, portanto, dedicados a *Yahweh*.**
Levítico 27:30 (Bíblia KJA)

**Quanto ao dízimo de seus rebanhos, um de cada dez animais que passem debaixo da vara do pastor será dedicado ao SENHOR.**
Levítico 27:32 (Bíblia KJA)

O dízimo não é do tempo da lei. O dízimo é anterior à lei. Prova disso é quando Abraão entrega seus dízimos a Melquisedeque:

**Então Melquisedeque, rei de Salém e sacerdote
do Deus Altíssimo, trouxe pão e vinho e abençoou
Abrão, dizendo: "Bendito seja Abrão pelo Deus
Altíssimo, que criou os céus e a terra! Seja louvado o
Deus Altíssimo, que entregou teus inimigos nas tuas
mãos!" Então Abrão lhe entregou o dízimo de tudo.**
Gênesis 14:18- 20 (Bíblia KJA)

Eis a chave: Devolver o dízimo de **tudo**. O dízimo é a lei espiritual da devolução de 10 por cento da sua renda de volta para o Senhor, depois de tê-la recebido. Ninguém pode obrigar você a dizimar, é você que escolhe fazer de Deus seu parceiro financeiro.

### 3 - Como dizimar?

Tem muita gente que dizima do líquido do que recebe. Eu particularmente não acho certo, mas também não critico. Apenas creio que, independente dos recursos que chegam em nossas mãos, nossa fidelidade deve ser bem liberal ao nosso Deus. Ele tem cuidado de nós.

Quando se vende um imóvel ou móvel que já foi dizimado, você só dizima do lucro que teve na negociata. Caso seu bem não tenha sido dizimado ainda, daí sim se faz necessário dizimar do valor total. Assim como em comissões, aluguéis e outros negócios.

Há empresários que dizem para mim que não conseguem ter um controle de quanto eles devem dizimar da sua empresa, lembrando que uma empresa é uma pessoa jurídica e também deve dizimar. Se você não controla seus ganhos, você está me dizendo que não é organizado com suas finanças. Uma empresa deve ter um controle dos seus ganhos para não dizimar errado. O responsável disso é você, meu irmão, minha irmã.

Antes de fazer um evento, a primeira coisa que peço a nossa secretária é: *Retire o valor total do evento e transfira para a igreja.* Sabe por que faço isso? Porque me recuso a me mover sem a bênção de Deus.

Sua oferta só começa após seu dízimo ter sido devolvido no altar. **Dizime no lugar que você é alimentado e cuidado**. Não esqueça que o dízimo não pode ser administrado por você. Então, não existe aquela ideia que você administra o dízimo. Não compete a você administrar o seu dízimo no lugar da Casa de Deus fazê-lo. Isto é errado. Deus não lhe deu esta autoridade.

Recordo de um membro de outra congregação que ganhava um salário muito alto. Um belo dia ele vê a necessidade de comprar uma bateria nova para igreja, desconta do seu dízimo e informa ao pastor. O Pastor daquela ovelhinha mandou-a recolher a bateria e levar para casa, pois aquela não era uma necessidade da igreja naquele momento. A nós cabe obedecer. Dízimo é uma prova de honra e obediência.

## 4 - Faça votos para situações especiais

**Quanto fizeres algum voto ou promessa, cumpre-os sem demora, pois somente os tolos desagradam a Deus. Cumpre, pois a tua palavra! Portanto, é melhor não prometer do que fazer um voto e não cumprir a palavra empenhada.**
Eclesiastes 5:4-5 (Bíblia KJA)

Votos são conexões muito fortes para as bênçãos de Deus. No entanto, honrar nossas promessas é um fator indispensável. Deus não se agrada de tolos. O ser humano esquece muito rápido o que prometeu ao Senhor. Deus ama alianças. E se alegra de fazer sua parte quando somos proporcionais, justos e fiéis ao voto que estamos pactuando.

## 5 - Tenha um Mentor ou Libertador Financeiro

Quando falo de libertador financeiro, falo de alguém que tem uma unção de Deus na área de finanças, uma pessoa abençoada, terra fértil que você emprestará seus ouvidos para ser discipulado. Uma pessoa escolhida por você para lhe instruir. Moisés foi um mentor para Josué, Elias foi mentor de Eliseu, Barnabé para Marcos. Homens sendo adestrados para batalha.

**Um homem sábio é poderoso, e quem possui entendimento potencializa sua força; quem parte para a guerra necessita de orientação estratégica, pois com muitos conselhos se conquista a vitória!**
Provérbios 24:5,6 (Bíblia KJA)

Deus sempre me sustentou, não tenho que reclamar. Todavia, logo que me casei eu vivia no limite financeiro. Cuidava de uma igreja, onde todo mês era necessário um milagre para pagar as contas. Talvez até alguém ao ler este livro se identifique com esta mensagem. Lembro do tal dia 5 e do valor exato que pagava do aluguel da igreja todo mês na imobiliária. Em minha memória vejo meu fusca branco, comprado pela minha esposa em cinco vezes, "contadinho".

Então, no ano de 2006, junto com 4 pessoas fui convidado a ir a um evento em Águas de São Pedro em São Paulo. Para um gaúcho da fronteira do Rio Grande do Sul deslocar-se a tal distância, é porque verdadeiramente necessita de uma ajuda especial. Meu intuito e desejo principal era receber da unção do homem de Deus que ministraria no evento. Em nenhum momento me passara pela cabeça receber um rompimento em minhas finanças. Converti-me na Assembleia de Deus e era fiel ao meu Deus e na minha concepção eu estava abençoado.

Juntei meus trocados e fui com o dinheiro para ir, consciente de que na volta precisaria fazer somente um lanche, pois não havia dinheiro para almoço e janta. Chegando ao hotel, fui ao seminário daquele evangelista. Estava gostando muito, até o momento das ofertas, quando ele começou a me desafiar, e quando digo desafiar, é porque foi desafio forte mesmo. Dentro de mim comecei a desacreditar daquele pregador e no meu coração chamei-o de vigarista para baixo. Sim, eu pedi perdão depois (hehe).

Quando chegou o momento, ouvi o Espírito Santo perguntar-me assim: *Você não veio aqui em busca de uma mudança?* Respondi: *Sim Senhor, mas se este homem fosse um homem de Deus e soubesse o sacrifício empenhado por nós para chegarmos até aqui, ele não estaria pedindo uma oferta para nós.* Mais uma vez o Espírito me disse: *Você veio em busca de uma mudança, ouça o meu servo.*

Na época, o dinheiro que tinha era bem pouco, mas eu possuía uma bolsa de couro muito cara que eu recebera de presente. Pedi uma sacola de mercado, coloquei todos os meu pertences dentro da sacola e ofertei aquela bolsa, com alegria. Voltamos de viagem. Nada, aparentemente, mudou. Mas eu viera deste evento empoderado de duas unções: A primeira unção que identifiquei foi na área financeira, nunca mais tive dificuldades de pagar o aluguel e minha vida começou a melhorar bastante. As coisas começaram a se encaixar milagrosamente.

Observação: Até hoje sigo com esta unção, porque até hoje sigo obedecendo e semeando generosamente com o meu melhor. Segunda Unção: Nossos cultos de Domingo estão sempre cheios, nossos eventos, cruzadas e até igrejas a que vou, lotam. Entendo que isto é uma unção.

Portanto, quando você começar a praticar a fidelidade e a liberalidade, espere o melhor de Deus. Que o Senhor lhe abençoe abundantemente.

# 5 - Como receber uma confirmação de Deus

Eu acredito muito que precisamos andar pela fé, como diz a Palavra de Deus, não baseados nos nossos sentimentos, mas pela fé:

**Pois vivemos por fé e não pelo que nos é possível ver.**
II Coríntios 5:7 (Bíblia KJA)

Não obstante, para certas coisas precisamos de uma confirmação de Deus. O próprio Deus ensina isso através do profeta Isaías:

**"Pede um sinal miraculoso a *Yahweh*, o teu Deus, seja das profundezas do *Sheol*, seja das mais elevadas alturas!"**
Isaías 7:11 (Bíblia KJA)

A confirmação de Deus muito é importante para que possamos lograr êxito aqui nesse mundo. Afinal de contas, todos nós já passamos por experiências negativas, nas quais tentamos fazer as coisas por nós mesmos e não deu certo. Eu já experimentei isso, você já deve ter passado por isso e não é agradável quando batemos a cabeça, quando chegamos a um beco sem saída ou quando temos que arcar com o prejuízo de uma má decisão. Então, às vezes desistimos, nem forçamos mais a porta. Simplesmente, engavetamos o nosso sonho, o nosso projeto, e continuamos a viver.

Dias atrás aconteceu algo comigo e a palavra que estou trazendo a você é resultado de uma experiência que eu tive de confirmação de Deus. Mas antes, quero compartilhar, com você, um texto:

**Contudo, Gideão replicou: "Se encontrei graça aos teus olhos, dá-me um sinal de que és tu quem de fato fala comigo. Não te afastes daqui, rogo-te, até que eu volte e traga minha oferenda e a deposite diante de ti!" E o SENHOR respondeu: "Esperarei até que voltes."**

Juízes 6:17-18 (Bíblia KJA)

O Senhor experimentou Gideão, mas Gideão não tinha total certeza da experiência que ele estava tendo. Israel estava enfrentando uma guerra, estava sendo roubada, envergonhada, não tinha paz. Tudo porque o povo se afastou de Deus e começou a adorar outros ídolos. (Toda a distração é perigosa na vida de um servo e uma serva de Deus.) E a Bíblia nos diz que o Senhor ouviu o clamor, viu a necessidade dessas pessoas e veio com intervenção. Ele queria usar Gideão como um libertador do povo. Só que Gideão não estava entendendo aquela experiência que estava tendo com o Anjo do Senhor, que lhe apareceu debaixo do carvalho.

Algo chama atenção aqui. A Bíblia diz que para comprovar aquela experiência, Gideão disse ao anjo: *Espere aqui. Eu quero um sinal de que essa experiência é verdadeira. Eu quero ter certeza de que isso é verdadeiro, de que isso é algo de Deus para minha vida.*

Talvez, muitos pregadores até ignorem os sinais de Deus e digam que temos que nos guiar apenas pela Palavra. Eu lhe afirmo que a Palavra é a nossa bússola número um (01). Ela é a Palavra do nosso Deus, que nós precisamos obedecer, mas nós precisamos compreender, também, que o nosso Deus é um Deus de sinais e de maravilhas. A própria Bíblia nos diz que o Senhor deu o sinal a Gideão. Exatamente como Gideão pediu. **Porque o nosso Deus responde**.

Você lembra do servo de Abraão, Eliézer, quando ele foi buscar uma esposa para Isaque? Na Bíblia diz que ele pediu um sinal para Deus.

**Então orou: "*Yahweh*, Deus de meu senhor Abraão, sê-me hoje propício e mostra tua benevolência para**

**com meu senhor Abraão! Eis que estou junto à fonte e as filhas dos homens da cidade saem para tirar água. A jovem a quem eu solicitar: 'Inclina o teu cântaro para que eu beba' e que responder: 'Bebe, e também a teus camelos darei a beber,' essa será a que designaste para o teu servo Isaque, e assim entenderei que mostraste tua bênção para com meu senhor!"**

Gênesis 24: 12-14 (Bíblia KJA)

E assim, vemos ao longo da Bíblia, homens que pediram sinais para Deus e receberam **resposta** do Senhor. E isso não se limita ao Velho Testamento, no Novo Testamento existem sinais também. Lembra do que Jesus disse para Pedro? Antes do galo cantar, três vezes tu me negarás. E não foi o que aconteceu?

**Inquiriu-lhe Pedro: "Senhor, por que não posso seguir-te agora? Pois eu darei a minha vida por ti!" Jesus adverte-o: "Darás a tua vida por mim? Em verdade, em verdade te afirmo que ántes que o galo cante, tu me negarás três vezes!**

João 13:37-38 (Bíblia KJA)

**Enquanto isso, Pedro estava em pé, se aquecendo, quando alguém lhe perguntou: "Não és, tu também, um dos discípulos dele?" Pedro nega dizendo: "Não, eu não sou!" Um dos criados do sumo sacerdote,**

A Bíblia diz que o apóstolo Paulo estava indo para um destino, e, de repente, um anjo do Senhor apareceu para ele. Foi quando ele ouviu um pedido de ajuda da Macedônia e por isso mudou completamente a rota dele, porque recebeu um sinal de Deus. Nós precisamos compreender que os sinais, as confirmações de Deus, fazem parte da nossa vida cristã. Conforme lemos:



Quero relatar uma experiência que tive. Nós aqui como igreja, em Santa Maria – RS, estamos vivendo um tempo maravilhoso de crescimento. Temos visto os nossos cultos lotados e o prédio atual não comporta mais todo o povo da igreja. Então, tivemos que fazer duas reuniões. Uma pela manhã e outra na parte da noite. Mas para nós, aqui no Rio Grande do Sul, o culto da manhã é um culto bem diferenciado e, mesmo assim, eles estão sendo um sucesso. Todavia, essa estratégia não foi suficiente, pois continuam chegando pessoas novas e o culto da noite continua não comportando todos os participantes do culto desse horário.

Assim que percebemos esse fenômeno, começamos a procurar prédios maiores, mas constatamos que os aluguéis desses prédios eram muito elevados, além das nossas condições. Foi por isso que tomamos a decisão de optar pelas duas reuniões.

Porém eu tive um sonho. Nesse sonho eu me vi em um lugar muito grande, que estava em reformas. Entrei nesse lugar e passaram por mim um pastor e um obreiro da nossa igreja, rapidamente. Eles começaram a derrubar uma parede. Vendo isso, eu disse a eles: *Escutem, vocês não sabem que eu não fechei o contrato ainda para locar esse lugar? Por que vocês estão marreteando essa parede?* (Comecei a brigar com eles.) Eles responderam: *Pastor, esse é o novo lugar onde nós vamos congregar. E nós temos que nos apressar...* E eu repliquei: *Mas eu nem fechei o contrato, parem com isso!* E fui indo em direção à porta de saída daquele lugar. Quando cheguei à porta, passei por outro pastor do ministério e aquele pastor me disse: *E aí pastor* (batendo as palmas das mãos), *vamos fechar o contrato? O contrato já está pronto?* Eu respondi, no sonho: *Homem, eu estou recém olhando o lugar. O valor é muito alto, nós temos que orar.*

Só para você entender a minha reação, eu sou um investidor, gosto de ver as coisas funcionando, ando pela fé. Nunca fui pragmático, mas sempre fui realista e de me sentar para calcular o custo, como ensinou Jesus:

**Porquanto, qual de vós, desejando construir uma torre, primeiro não se assenta e calcula o custo do empreendimento, e avalia se tem os recursos necessários para edificá-la?**

Lucas 14:28 (Bíblia KJA)

Já fiz muitas coisas por impulso. Hoje eu penso mais, oro mais. Entretanto, não posso abandonar o espírito de fé que está em mim, que sempre me direciona e no qual me baseio na tomada das minhas decisões. Até nas coisas mais básicas, como: *Devo viajar, Espírito Santo?* Se eu não estiver me sentindo confortável, não viajo.

No entanto, quando aquele irmão passou por mim (no sonho eu estava dando explicações que deveríamos buscar mais recursos para trocar de prédio e continuar orando), eu acordei e o Espírito Santo falou comigo: *Eu não quero que você pare de procurar, porque é da minha vontade que vocês vão para um lugar maior. Esse lugar não comporta mais vocês.* E eu, que já havia engavetado a possibilidade de mudança, por motivos econômicos, obedeci ao sinal que recebi através desse sonho e voltei a procurar prédios maiores. Vale destacar que já encontrei o novo lugar, ele está em reformas, como no sonho.

Nossa fé não se baseia nos sentimentos, mas em convicções. Convicção do que Deus tem falado ao nosso coração. Essa convicção ocorre através de um relacionamento com Deus, pelo qual aprendemos a discernir a voz que fala conosco. Se compreendermos o que Deus está falando e termos discernimento espiritual das coisas, nós viveremos a vida vitoriosa que Deus tem para nós.

Muitas vezes, Deus está nos impulsionando a andar para frente, a sermos ousados e já nos deu todos os sinais disso. Ele colocou dinheiro a mais em suas mãos, tem confirmado a você através de sonhos. Ele tem falado com você na sua igreja, pessoas estão ligando para você, lhe oferecendo um ponto para colocar seu negócio. Talvez Ele esteja falando com você nesse exato momento, através dessa palavra profética.

Se Deus tem falado com você sobre ministério, sobre negócios, está em você fazer a sua parte, que é seguir o sonho de Deus, o projeto que Ele está colocando no seu caminho, que Ele está colocando em suas mãos. E se considerar que isso é uma grande loucura de fé, lembre-se que você tem um grande avalista, e o nome dele é Espírito Santo.

Depois de um tempo ouvindo e obedecendo ao Senhor, você não tem dificuldades de ouvi-lo, seu desafio maior é parar para ouvir. Andamos tão distraídos com as nossas tarefas aqui no mundo que facilmente entramos num ativismo cego, inclusive esta é uma das armas que o inimigo mais tem usado e trabalhado nestes últimos dias contra a igreja de Jesus. O "espírito de distração é demoníaco".

Enfim, muitas vezes acabamos engavetando nossos planos e projetos quando eles não dão certo ou quando achamos que não é o tempo para aquilo que queremos. Então, nos acomodamos e relaxamos, sempre tentando substituir o plano original, pelo plano genérico: "nossa maneira míope de ver". Isso é falta de fé e convicção, queiramos aceitar ou não.

# 6 - Direções espirituais para uma vida espiritual saudável

*A força das virtudes de um homem constitui-se de seus atos habituais.*

Pascal

F. F. Bosworth, certa vez disse: Os cristãos, em sua maioria, alimentam o corpo com três refeições quentes por dia, e seu espírito, com um único lanche frio por semana, e depois se perguntam por que estão tão fracos na fé.

Um escritor famoso, chamado Dostoiévski, disse: *A segunda metade da vida de um homem constitui-se dos hábitos que ele adquiriu na primeira metade.*

A força do hábito é o segredo da minha vida espiritual vitoriosa. Muitas coisas na Bíblia são gratuitas, outras exigem disciplina e perseverança.

**Vós me buscareis e me encontrareis, quando me buscardes de todo coração.**

Jeremias 29:13 (Bíblia KJA)

**Nosso Senhor tinha hábitos**

*a) Ia à igreja regularmente.*

Era costume de Jesus frequentar o templo, você sabia? A Bíblia nos ensina que Ele tinha o hábito de estar aos sábados no templo.

**Jesus viajou para Nazaré, onde havia sido criado e conforme seu costume, num dia de sábado, entrou na sinagoga. E posicionou-se em pé para fazer a leitura.**

Lucas 4.16 (Bíblia KJA)

*b) Vigílias de Oração e Momentos de Comunhão íntima com o Pai.*

Ele se retirava, após um dia exaustivo de viagens e ministrações, para estar a sós com seu Pai. Os evangelhos estão "bordados" com essa afirmativa. Isto é, você lerá muitas vezes: E Ele se retirou para estar a sós...

**Tendo Jesus partilhado essas palavras, saiu acompanhado por seus discípulos e atravessou o vale de Quidrom. Do outro lado havia um olival, onde entrou com eles. E Judas, o traidor, também conhecia aquele lugar, pois frequentemente Jesus se reunia ali com seus discípulos.**

João 18.1,2 (Bíblia KJA)

Não é de surpreender que os discípulos, quando tiveram que pedir uma instrução espiritual para Jesus, pediram que Ele os ensinasse a orar. Ensinasse-lhes o hábito poderoso de estar com Deus, que dava poder a Jesus para viver no sobrenatural aqui nesta terra.

**De madrugada, em meio a escuridão, Jesus levantou-se, saiu da casa e retirou-se para um lugar deserto, onde ficou orando.**
Marcos 1.35 (Bíblia KJA)

Jesus tinha Seu tempo especial "logo de manhã". Ele também ensinou os Seus discípulos a se retirarem e a passar tempo a sós com Deus. Deu a eles um exemplo a ser seguido.

**Tu, porém, quando orares, vai para teu quarto e, após ter fechado a porta, orarás a teu Pai, que está em secreto; e teu Pai, que vê em secreto, te recompensará plenamente.**
Mateus 6.6 (Bíblia KJA)

Jesus os marcou. Ensinou-lhes a privacidade e o silêncio deste momento especial, requerido pelo Pai para com seus filhos. O maior milagre na nossa vida não são as coisas que recebemos de Deus, mas o acesso a esta comunhão que temos com o Senhor. Essa Presença que trabalha em nós. O Senhor sempre soube que não é possível ter um devocional com pessoas na volta, crianças gritando, televisão ligada, cachorro latindo, notificações no celular e barulhos externos. Entra no teu quarto e fecha a porta são marcas de intimidade, de um relacionamento estreito.

## Profeta Daniel, o homem das interpretações

Daniel orava em horários pré-determinados. Ele era disciplinado e tinha até um ambiente para a oração. Creio que Ele frequentou este lugar inúmeras vezes, sempre recebendo respostas e direções especiais para sua vida. Seu hábito fazia dele um homem incomum, estava conectado à fonte, todo tempo. Você não precisa estar 24 horas orando, mas precisa ter um hábito de estar 24 horas conectado a Ele. Simples e poderoso assim.

**Assim que Daniel soube que esse decreto do rei havia sido proclamado, foi para casa, para o seu quarto, no andar de cima, onde as janelas davam para Jerusalém e ali orou COMO COSTUMAVA**

**FAZER cotidianamente, três vezes ao dia; ajoelhou-se, rogou e deu graças diante do seu *Elah*, Deus.**
Daniel 6.10 (Bíblia KJA)

O tempo que você passa com Deus todos os dias deve se tornar um hábito e ser o seu momento mais especial. Sem hesitar, posso lhe afirmar que muito do que tenho recebido do Espírito Santo veio de muitas horas de intimidade e adoração, que diariamente tenho tido a oportunidade de ter. Você estar na Sua presença é muito mais importante para Deus do que você imagina.

Costumo buscar a Deus sempre pela manhã, quando não consigo fazê-lo, meu dia não é produtivo. Posso lhe garantir que passar um dia sem Deus é raridade na minha vida, pois depois que aprendi esta lei espiritual, nunca mais a abandonei.

Vivenciei uma experiência ímpar com Deus a menos de um ano atrás. Estava eu em um propósito de oração nas madrugadas, orando de manhã cedo por dias em línguas (90 % das minhas orações são em línguas). Um determinado dia me atrasei e sai correndo de casa para meu compromisso. Passou-se aquele dia. No outro dia acordei-me e fui orar, quando fui surpreendido por uma forte voz que falou-me tão forte, que me derramei em lágrimas pela intensidade e ternura com que me falou. Ouvi o seguinte: *Fiquei esperando você ontem*, apenas isso. Chorei muito, porque, dentro de mim, entendi que quando agendamos um horário para estar com Deus, Ele também agenda para estar com a gente.

*Aquele que foge de Deus pela manhã dificilmente irá encontrá-lo no restante do dia.*
*(John Bunyan)*

**Sete Coisas que ocorrem durante seu devocional:**

1. Você desenvolve um relacionamento incomum com Deus. Ser amigo de alguém é uma coisa. Ser marido de uma mulher é outra. São intimidades de níveis diferentes. Deus tem muitos filhos, mas à medida que desenvolvo um devocional consistente, meu relacionamento com ele será também diferente de outros filhos que Deus tem. Isso não é parcialidade, é justiça. Muitos cristãos não sabem da importância deste relacionamento com Deus.

2. Durante este tempo especial, você se aproxima de Deus e Ele de você. É uma via de mão dupla. Quanto mais se rende, mais acesso fica.

**Chegai-vos a Deus, e Ele acolherá a todos vós! Pecadores, limpai as vossas mãos, e vós que tendes a mente dividida pelas paixões, purificai o coração.**

Tiago 4:8 (Bíblia KJA)

3. Este tempo especial lhe insere nas coisas de Deus. Somos influenciados por aquilo a que somos expostos todo o dia, para bem ou para mal. Ao ter contato com a presença de Deus todo santo dia, sou influenciado pela cultura do céu, pelo caráter do mestre e pelas leis do reino de Deus.

**Bem-aventurados os pobres em espírito, pois deles é o Reino dos Céus.**

Mateus 5:3 (Bíblia KJA)

4. Neste devocional você é alimentado com uma comida *super* especial.

**Em seguida, me aproximei do anjo e lhe roguei que me desse o livrinho, ao que Ele me declarou: "Pega-o e come-o; ele lhe será amargo no estômago, todavia doce como o mel na boca". Peguei o livrinho da mão do anjo e o comi depressa e, de fato, ele era doce como o mel ao paladar; contudo, assim que o engoli, meu estômago ficou muito amargo.**

Apocalipse 10:9-10 (Bíblia KJA)

**Jesus, porém, afirmou-lhe: "Está escrito: 'Nem só de pão viverá o homem, mas de toda a palavra que sai da boca de Deus".**

Mateus 4:4 (Bíblia KJA)

A palavra de Deus é a sabedoria de Deus. Seu treinamento decide suas habilidades e sua capacidade de entender seu ambiente. Estude e ensine a Palavra de Deus. Deus tem escondido tudo que você está precisando em sua palavra. Energia divina é adquirida ao meditar nas sagradas letras. Você está depressivo? Leia Salmos 37 ou 91. Declare cada frase com sua voz. Seja energizado pela palavra.

**Abro a boca e suspiro, ansiando por teus ensinamentos.**

Salmos 119:131 (Bíblia KJA)

*Tenha respeito por Deus. Ame e estude sua palavra.*

5. Durante este momento você experimenta a presença de Deus

**Naquele dia, quando soprava a brisa vespertina, o homem e sua mulher ouviram o som da movimentação de *Yahweh* Deus, que estava**

**passeando pelo jardim, e procuraram esconder-se da presença do SENHOR, entre as árvores do jardim.**
Gênesis 3:8 (Bíblia KJA)

Adão pode experimentar a visitação de Deus até que se desviou. Não existe nada melhor do que ser tocado pela presença de Deus. Sua presença é descanso para alma, Sua presença é aconchego e segurança. Quando você entra na presença de Deus, você vê as coisas de modo diferente. A presença de Deus sempre irá levantar o tapete da sua vida, trazendo conserto e cura. Nada fica oculto na presença de Deus. Não tem como ter comunhão com o Espírito Santo e continuar no pecado.

**Tu me fizeste conhecer o caminho da vida, a plena felicidade da tua presença e o eterno prazer de estar na tua destra.**
Salmos 16:11 (Bíblia KJA)

6. Durante este tempo Deus traz uma consciência maior do pecado, sempre nos levando ao arrependimento e ao conserto.

**Todavia, Eu vos asseguro que é para o vosso bem que Eu parta. Se Eu não for, o Advogado**

**não poderá vir para vós; mas se Eu for, Eu o enviarei. Quando, então, Ele vier, convencerá o mundo do seu pecado, da justiça e do juízo. Do pecado, porque a humanidade não crê em mim; da justiça, porque vou para o Pai e vós não me vereis mais; e do juízo, porque o príncipe deste mundo já está condenado.**

João 16.7-11 (Bíblia KJA)

É importante entendermos que o Espírito Santo não nos condena – Ele nos CONVENCE. Ele nos convence do pecado, da justiça e do juízo.

Sempre que estou diante Dele, sou tocado por Ele de uma forma tão irresistível, que me constrange. Quando somos tocados pelo Espírito de Deus, a cada reunião, ou nos momentos íntimos que reservamos com Ele a cada dia, podemos ter a certeza de que sairemos mais e mais firmes em Jesus.

7. Durante o devocional o sobrenatural acontece:

**E ao completar-se o dia de Pentecoste, estavam todos reunidos num só lugar. De repente, veio do céu um barulho, semelhante a um vento soprando muito forte, e esse som tomou conta de toda a**

**Casa onde estavam assentados. Então, todos viram
distribuídas entre eles línguas de fogo, e pousou
uma sobre cada um deles. E todas as pessoas
ali reunidas ficaram cheias do Espírito Santo, e
começaram a falar em outras línguas, de acordo
com o poder que o próprio Espírito lhes concedia
que falassem.**

Atos 2:1-4 (Bíblia KJA)

Enquanto estavam buscando a presença de Deus. Receberam o batismo de poder, o sobrenatural envolveu aquele ambiente. Foram tomados pela glória de Deus.

Seu devocional não é apenas um tempo de leitura da Bíblia e estudo, mas um tempo diário de oração. Um tempo de intimidade com seu pai celestial. Não importa o quanto você seja importante, você precisa se comunicar diariamente com o Senhor. Seu tempo de qualidade com Deus é inegociável e de um valor incalculável.

Há alguns cristãos que apenas oram, mas não estudam a Palavra. Tais pessoas não conseguem desenvolver um relacionamento saudável com Deus. É a combinação da Palavra e oração que desenvolve um tempo de Comunhão Especial com o Senhor.

# 7 – 34 chaves em direções especiais

*Chave 1 - Não prevalecerá, diz o Senhor!*

**Nenhuma arma forjada contra você prevalecerá, e você refutará toda língua que a acusar. Esta é a herança dos servos do Senhor, e esta é a defesa que faço do nome deles", declara o Senhor.**
Isaías 54:17 (Bíblia)

Quando uma nova etapa inicia precisamos estar em constante estado de alerta. Na palavra do texto acima entendemos que existe um orquestrar do inimigo contra nossa vida e tudo que está ligado a ela. Não podemos simplesmente ignorar seus planos e artimanhas. Quando você orar repreenda, inclusive, a inspiração e maquinação de satanás através da vida de pessoas contra você.

Temos a certeza que o Senhor desfaz o laço do passarinheiro e nos livra quando oramos ou intercedemos por alguém. Quando servimos ao Senhor verdadeiramente, temos a herança do Senhor, que é sua defesa, escudo e Fortaleza sobre nós. Não esqueçamos que a herança precisa ser reivindicada e usada. Daí entra a oração intercessória e de batalha espiritual.

*Chave 2 - Vença o medo*

**Pois Deus não nos deu espírito de medo, mas de poder, de amor e de equilíbrio.**
2 Timóteo 1:7 (Bíblia)

O medo é um dos sabotadores da fé. Quando o medo domina ou influencia alguém, os céus se fecham. Existe um bloqueio no ambiente. A fé cria um ambiente de Milagres, enquanto que o medo cria um ambiente de dúvidas e retrancas. Quando o medo é o capitão da vida de alguém, seus planos, motivações e prospecções são engessados, completamente.

Expulse esse mal da sua vida, dominando os maus pensamentos e permitindo que sua fé fale mais alto e tenha predominância no seu movimento de vida.

*Chave 3 - A importância da Revelação*

**Revelação de Jesus Cristo, que Deus lhe deu para mostrar aos seus servos o que em breve há de acontecer. Ele enviou o seu anjo para torná-la conhecida ao seu servo João.**
Apocalipse 1:1 (Bíblia)

João recebeu uma revelação que serviu de base para seu ministério. E sua revelação permanece até hoje. Precisamos investir nas coisas duráveis. Sempre se paga mais por aquilo que é durável.

Se as pessoas consultassem mais a Deus, elas acertariam todas as vezes. O problema é que não queremos que Deus se meta em nossas decisões. Deus torna conhecido eventos futuros, ideias e direções através de suas revelações. As coisas inabaláveis são manifestas quando reveladas e direcionadas pelo Senhor. Muitos pastores e pessoas de grande responsabilidade se frustram por não terem a revelação de Deus dos bastidores, do detrás da cortina.

## Chave 4 - Pare de dar voltas

**Depois viramo-nos, e caminhamos ao deserto, caminho do Mar Vermelho, como o SENHOR me tinha dito, e muitos dias rodeamos o monte Seir. Então o Senhor me falou, dizendo: Tendes rodeado bastante esta montanha; virai-vos para o norte.**

Deuteronômio 2:1-3 (Bíblia)

O povo de Israel peregrinou no deserto por muito tempo, onde foi disciplinado, em função de sua murmuração e desobediência. Aprendemos que é perda de tempo deixarmos de confiar em Deus e em suas promessas. É perda de tempo quando nossos olhos não deixam de olhar para o Egito (Mundo). O que era para levar alguns dias, levou anos.

Perdemos tempo quando não viramos e queimamos aquela página da nossa vida que Deus não quer que vivamos novamente. Pois hoje Deus lhe diz: Já se acabou isso, de estar dando voltas no deserto tanto tempo. Chegou o seu momento de se mover para frente, seu momento de empreender, de alcançar, de deixar o que você tem que deixar, tirar o que você tem que tirar, e se mover para o norte que Deus tem para sua vida.

### Chave 5 - A palavra da forma

**E a terra era sem forma e vazia; e havia trevas sobre a face do abismo; e o Espírito de Deus se movia sobre a face das águas.**

Gênesis 1:2 (Bíblia)

Tudo fica sem forma e vazio até a Palavra de Deus ser liberada. A palavra dá forma às coisas, assim como deu forma à criação. Interessante que antes da terra ter forma, o Espírito Santo apenas pairava, flutuava sobre a face das aguas. Foi a partir da forma, que Ele começou a habitar aqui, pois procurava repouso.

Acredito que nossa vida sem Jesus fica também sem forma e vazia, mas, que quando recebemos a palavra ela começa a ter uma forma de beleza e benção. O Espírito Santo habita na vida de pessoas formadas pela poderosa Palavra. A Palavra cria um ambiente para o Espírito de Deus.

### Chave 6 - Declarações proféticas

**Assim será a minha palavra, que sair da minha boca; ela não voltará para mim vazia, antes fará o que me apraz, e prosperará naquilo para que a enviei.**

Isaías 55:11 (Bíblia)

Palavras liberadas exercem uma força tremenda no mundo espiritual, que posteriormente refletem diretamente no mundo físico. Neste texto entendemos que as palavras são produzidoras de vida ou morte, benção ou maldição. E que elas são responsáveis por rompimentos e liberações espirituais.

O que sai da nossa boca pode mover montanhas espirituais, foi o que Jesus disse: Se tiverdes fé como um grão de mostarda, direi a este monte... Aqui percebemos que não é fé que move as montanhas, são as declarações.

A boca fala do que está cheio o coração. Então Deus já esteve falando.

## Chave 7 - Rompimentos sobrenaturais

**O Espírito do Senhor repousará sobre ele, o Espírito que dá sabedoria e entendimento, o Espírito que traz conselho e poder, o Espírito que dá conhecimento e temor do Senhor.**

Isaías 11:2. (Bíblia)

Cremos que existe um rompimento, uma liberação sobrenatural quando a presença de Deus repousa sobre uma vida. Que muda completamente a atmosfera, o entendimento e o caminhar de uma pessoa.

Não estamos falando de um super-humano, mas de alguém dotado de uma habilidade divina para romper em todas as áreas da sua vida. Alguém com uma capacitação tal, com sabedoria especial para tomar difíceis decisões e pensar em soluções não ainda possíveis. Alguém que rompe seus próprios limites e avança apesar dos prognósticos.

## Chave 8 - Direção certa, Norte

**Confie no Senhor de todo o seu coração e não se apoie em seu próprio entendimento; reconheça o**

**Senhor em todos os seus caminhos, e ele endireitará as suas veredas.**

Provérbios 3:5-6. (Bíblia)

Quem nunca se encontrou nos becos sem saída e nas encruzilhadas da vida? Momentos que não sabemos o que fazer, e não temos ideia de com quem contar. Se mantivermos uma comunhão com Deus íntima, certamente não ficaremos confundidos, pois Ele em nós sempre apontará um norte. O norte de Deus vem cheio de paz e com uma pitada de desafio, onde exigirá de nós, utilizarmos a fé em sua palavra.

### Chave 9 - O Reconhecimento de uma liberação

**Com o teu auxílio posso atacar uma tropa; com o meu Deus posso transpor muralhas. 33. Torna os meus pés ágeis como os da corça, sustenta-me firme nas alturas.**

Salmos 18:29,33 (Bíblia)

Existem aqueles momentos únicos na vida, em que você sente que chegou ao limite da sua capacidade de gerir e de conquistar. Momentos esses que pensamos: *Como passarei daqui para outro nível, já gastei toda minha reserva, conhecimentos e energias?* Neste ponto você chega no lugar chamado reconhecimento, lugar que você entende perfeitamente, "só passarei daqui com tua força, com teu romper". Lugar este de recebimento, lugar de rompimento de limites. Todos precisamos de um rompimento em alguma área da nossa vida.

*Chave 10 - Como ter um rompimento*

**Abrirei rios nas colinas estéreis, e fontes nos vales. Transformarei o deserto num lago, e o chão ressequido em mananciais.**

Isaías 41:18 (Bíblia)

O propósito do rompimento é a expansão do Reino de Deus, não para uma ambição particular. O novo está em Deus. Os rompimentos são os mistérios escondidos na presença da Glória de Deus. O que for conquistado por sorte é fácil de ser derrubado, mas o que for recebido na Glória é inabalável.

*Chave 11 - Se não for correspondido*

**Mas não correspondeu Ezequias ao benefício que lhe fora feito...**

2 Crônicas 32.25 (Bíblia)

**Essa é a natureza do homem.
... nos últimos dias... haverão homens... ingratos...**

2 Timóteo 3.1,2 (Bíblia)

Às vezes fazemos de tudo por uma pessoa, e ela nos descarta ou ignora, esquecendo todo bem que semeamos em sua história. O homem nunca imagina que a conta chega um dia e que resposta certa também, bem como o favor de Deus sobre o homem bom.

Por isso que aprendi que na vida existe a Lei do Retorno. Seja agradecido, tenha nobreza. Tua recompensa vem de Deus.

### Chave 12 - Porta aberta

**Conheço as suas obras. Eis que coloquei diante de você uma porta aberta que ninguém pode fechar...**
Apocalipse 3:8 (Bíblia)

Uma porta aberta é uma oportunidade em meio a uma estrada flanqueada pelo inimigo e cheia de impossibilidades. A grande questão, é a capacidade e coragem que precisamos pedir a Deus para entrar por esta porta.

Sabemos que entre nossa promessa e o caminho a percorrer teremos obstáculos, Golias sempre estará no caminho e nossa fé precisa estar conectada, firmada no Deus, que está por trás deste momento extraordinário.

Profetizo sobre sua vida que muitas portas irão escancarar-se para ti, e receberás forças para transpor qualquer obstáculo.

## Chave 13 - Não se prostre

**Quando Hamã viu que Mardoqueu não se curvava nem se prostrava, ficou muito irado.**

Ester 3:5 (Bíblia)

O inimigo espera que nós nos prostremos diante das circunstâncias da vida. Mardoqueu tinha um princípio na vida, o princípio de apenas se prostrar diante de Deus. Há pessoas que por qualquer e  mínimo problema ou opressão já se entregam, se prostram.

Não tenha receio de deixar o inimigo irado contra ti, porque a ira dele não tocará em você, o que abre brecha para ele te tocar é se você se prostrar. Prostração para o inimigo é uma posição espiritual. Prostre-se apenas diante do Todo Poderoso.

## Chave 14 - O modelo do Reino

**Pois o Reino de Deus não é comida nem bebida, mas justiça, paz e alegria no Espírito Santo;**

Romanos 14:17 (Bíblia)

Entendemos que precisamos viver toda esta atmosfera que existe no Reino de Deus. A paz é para hoje, bem como a justiça e a alegria no Espírito. O modelo da igreja, deve ser o modelo do Reino.

Não podemos modelar a igreja por métodos, *coaching* ou mistiscimo. Estabelecemos o Reino vivendo a realidade dentro da igreja e fora dela, no exato DNA do Reino de Deus.

### Chave 15 - O perdão curador

**Perdoa as nossas dívidas, assim como perdoamos aos nossos devedores.**

Mateus 6:12 (Bíblia)

Conhecida mundialmente e talvez a mais orada, a Oração do Pai nosso, é muito repetida, mas pouco cumprida. Podemos ter uma vida inteira na igreja, se não perdoarmos, nos afastamos da presença de Deus.

É interessante, mas comprovado, que 70% das doenças psicossomáticas tem a ver com ódio, rancor e ressentimento. É algo que precisa ser liberado dentro de nós, para que haja cura da alma.

Quando você perdoa, automaticamente o Espírito Santo flui no seu interior, lhe dando todas as forças para que você supere aquela ferida. As feridas de alma adoecem o corpo.

*Chave 16 - É melhor confessar*

**Enquanto eu me calei, envelheceram os meus ossos
pelo meu bramido em todo o dia.**
Salmos 32:3 (Bíblia)

Manter-se calado e guardar os sentimentos, de acordo com essa palavra sempre trará desgaste emocional e espiritual. Permitir que uma coisa ruim fique dentro do coração por muito tempo, traz um amortecimento (envelhecimento) espiritual.

Precisamos aprender a exteriorizar, confessar, falar o que estamos sentindo. Procurar nossos líderes espirituais sempre nos ajudará a vencer as dificuldades emocionais que nos desafiam a nos calar.

É mais fácil confessar uma tentação do que confessar um pecado.

*Chave 17 - O poder de uma palavra profética*

**E far-te-ei uma grande nação, e abençoar-te-ei, e
engrandecerei o teu nome, e tu serás uma bênção.**
Gênesis 12:2. (Bíblia)

Tudo que Deus promete, por maiores coisas que sejam, se cumprirá. A palavra profética forma um cenário invisível ao redor de nós. O espiritual materializará no natural, pelo poder da vida de Deus manifestada por uma palavra profética.

### Chave 18 - Não dê corda para voz do inimigo

**Então, a serpente disse à mulher: Certamente não morrereis.**

Gênesis 3:4 (Bíblia)

Quando damos ouvidos à voz do inimigo fracassamos em nossa comunhão com Deus. Se você permitir que ele termine a frase, sua astúcia tentará enredar seu coração. Ele é experiente e tenta convencer para lhe destruir. Costumo dizer que ele vem até você com sapatinhos de algodão, de uma forma silenciosa e sorrateira.

No primeiro pensamento, na primeira conversa, corte pela raiz.

### Chave 19 - Escreva seu próprio salmo

**Ainda que um exército me cercasse, o meu coração não temeria; ainda que a guerra se levantasse contra mim, nisto confiaria.**

Salmos 27:3 (Bíblia)

Os Salmos foram inspirados por Deus, em momentos de tristeza e alegria, dor e regozijo. Escreva seu salmo hoje, um salmo de confiança e louvo a Deus e declare em forma de oração sobre sua própria vida. Em meio as batalhas somos inspirados a declarar o poderio e a benção de Deus.

Cante seu salmos, declare-o quando entrar em seu carro, se estiver em meio a um exército de contrariedade, declarei que você não temerá.

### Chave 20 - Mantenha vivo seus sonhos

**O Senhor, porém, estava com José, e estendeu sobre ele a sua benignidade, e deu-lhe graça aos olhos do carcereiro-mor. E o carcereiro-mor entregou na mão de José todos os presos que estavam na casa do cárcere, e ele fazia tudo o que se devia fazer ali. E o carcereiro-mor não teve cuidado de nenhuma coisa que estava na mão dele, porquanto o Senhor estava com ele, e tudo o que ele fazia o Senhor prosperava.**
Gênesis 39.21-23 (Bíblia)

Mesmo na prisão, em meio a miséria, José não esqueceu os sonhos de Deus para sua vida. Ele recusou-se a desistir do desenho de Deus mostrado a ele.

Muita gente desiste dos seus sonhos dada a sua situação que vivem (atual). Nem sempre a circunstância será favorável, no entanto precisamos continuar crendo, apesar da maré contrária ou da temporada de lutas que estamos vivendo. O que Deus plantou em seu coração, não permita que ninguém mate. Deus nos faz sonhar grande.

A fé é para mentes superiores.

*Chave 21 - Adoração é uma chave espiritual*

**E passou diante de Moisés, proclamando: "Senhor, Senhor, Deus compassivo e misericordioso, paciente, cheio de amor e de fidelidade,**
Êxodo 34:6 (Bíblia)

Este é o Deus de amor e poder que conhecemos. Aqui vemos a essência da intimidade do homem com Deus. Adoração tem a ver com entrega e com o reconhecimento de quem é Deus e a forma como o honramos. Quando nos rendemos a Deus estamos adorando a Ele.

*Chave 22 – Águas tranquilas*

**Deitar-me faz em pastos verdejantes; guia-me mansamente a águas tranquilas.**
Salmos 23:2 (Bíblia)

Na vida existem muitos anseios, pessoas que sofrem na área sentimental, na área familiar, ou até mesmo com problemas financeiros ou emocionais. Existem muitas preocupações que parecem ser pequenas para algumas pessoas, mas para outras podem significar algo muito difícil de lidar.

Não podemos criticar ou desmerecer o que acontece com cada pessoa, no entanto, podemos lhe apresentar um Deus maravilhoso, o príncipe da paz, o Senhor Jesus Cristo. Ele demonstra os seus cuidados, nos conduzindo a pastos verdejantes, nos oferecendo o melhor, e também nos guiando às águas tranquilas, o que representa um lugar de paz, que só o Senhor Jesus pode dar.

Guiados por Deus certamente receberemos da sua paz.

## Chave 23 – Não sejamos ouvintes esquecidos

**E sede cumpridores da palavra e não somente ouvintes, enganando-vos a vós mesmos. Pois se alguém é ouvinte da palavra e não cumpridor, é semelhante a um homem que contempla no espelho o seu rosto natural; porque se contempla a si mesmo e vai-se, e logo se esquece de como era.**

Tiago 1:22-24  (Bíblia)

Hoje, contemplamos milhares de pessoas que frequentam igrejas evangélicas, escutam a palavra de Deus, mas não a praticam. Até mesmo líderes religiosos, que sabem de cor a Palavra, mas não vivem o que pregam.

Por isso, o evangelho tem sido banalizado e zombado muitas vezes. Mas precisamos ser os remanescentes do Senhor, que procuram cumprir a Palavra de Deus, ouvindo e praticando, sendo uma verdadeira carta viva de Cristo.

Perfeito ninguém consegue ser, mas nossas atitudes a cada dia que passa devem ser pesadas por nós mesmos: Estamos fazendo a vontade de Deus ou não?

Sejamos praticantes da verdade!

## Chave 24 - Obedeça as pequenas instruções

**Quem dera que eles tivessem tal coração que me temessem, e guardassem todos os meus mandamentos todos os dias, para que bem lhes fosse a eles e a seus filhos para sempre.**

Deuteronômio 5:29 (Bíblia)

Se somos guiados por Deus, certamente devemos ser sensíveis a obedecer suas instruções. Deus não irá pedir de nós apenas grandes atos de obediência, mas também pequenos atos.

Entendemos que são as pequenas chaves que abrem as grandes portas. Nós nunca saberemos totalmente o propósito de Deus escondido por trás de cada porta, o que sabemos é que sempre que obedecermos haverá um milagre, uma conexão, uma oportunidade nos esperando, mesmo que não a vejamos no primeiro momento.

### Chave 25 - Aplausos?

**O Senhor, contudo, disse a Samuel: "Não considere a sua aparência nem sua altura, pois eu o rejeitei. O Senhor não vê como o homem: o homem vê a aparência, mas o Senhor vê o coração".**

1 Samuel 16:7 (Bíblia)

Você não precisa do aplauso das pessoas. Não faça as coisas para ganhar o respeito de ninguém. Deus lhe conhece, isso é que importa. O mundo, não entende nossa fé. Mas o que você tem não saiu do nada, mas sim da sua fé, do seu trabalho, do seu esforço; você mereceu, você lutou, você acreditou em Deus por isso. O Deus ao qual você serve lhe honrou com o que você tem. Não faça coisas boas para conquistar o respeito de ninguém, porque por mais que você faça, nunca será o suficiente.

Concluo que devemos honrar a Deus, sem nos importar com aquilo que pensam de nós. Não tenha o vício de agradar a todos, seja sincero e verdadeiro.

### Chave 26 - Existe Transferência

**Assim, Jacó tornou-se extremamente rico e chegou a possuir enormes rebanhos de ovelhas e cabras; e a ser proprietário de muitos escravos.**
Gênesis 30:43 (Bíblia)

Quando Deus começou a transferir as riquezas de Labão para Jacó, não havia nada que Labão pudesse fazer para interromper isso! Ninguém interrompe um fluxo divino. Quando Labão disse a Jacó que lhe pagaria apenas em gado salpicado que passasse pelo rebanho, Deus fazia com que todo o gado fosse salpicado. Quando Labão disse que apenas pagaria em gado listrado, Deus fez todo o rebanho listrado. Você entende? Deus quando abençoa, não faz de maneira natural.

### Chave 27 - Seja encontrado na prioridade certa

**Busquem, pois, em primeiro lugar o Reino de Deus e a sua justiça, e todas essas coisas lhes serão acrescentadas.**
Mateus 6:33 (Bíblia)

Quando Salomão foi visitado por Deus, seu coração estava no lugar certo. Poderia este ter pedido riqueza, poder e influência. Mas o que Ele priorizou a sabedoria, para julgar o povo de Deus. Deus viu a intenção e a ordem certa das coisas e o abençoou poderosamente em todas as outras áreas.

### Chave 28 - O Dom fará você conhecido

**O rei Salomão tornou-se o homem mais rico e mais sábio de todos os reis sobre a terra.24. Todo o mundo queria ser recebido por Salomão para ouvir a sabedoria que Deus lhe tinha posto no coração.**

1 Reis 10:23 (Bíblia)

Muitos Reis, incluindo a rainha de Sabá, vieram conhecer o dom de Deus na vida de Salomão.

Quando temos uma unção genuína, um dom ou outra qualquer coisa do céu sobre nós, seremos procurados. Não porque somos bons, mas pela manifestação de Deus em nós.

Busque as coisas do céu sobre você, para que Cristo seja manifestado e glorificado através de você.

## Chave 29 - Abençoados para abençoar

**Sendo assim, quem é o servo fiel e sábio, a quem
o senhor confiou os de sua casa para dar-lhes
alimento no seu devido tempo?**
Mateus 24:45 (Bíblia)

A oração mais poderosa e a intenção que mais agrada a Deus é quando você quer ser abençoado para abençoar. Por que Deus não fez nada para mim? Nós não podemos esperar uma grande transferência sobrenatural, enquanto nosso coração estiver preocupado apenas com nossas necessidades pessoais. Devemos mudar o foco. Pessoas devem estar nos nossos planos e, principalmente, o crescimento da obra de Deus. Seja uma coluna no Reino.

## Chave 30 - Até o que intenta o mal, está lhe promovendo

**Mas Deus me enviou à frente de vocês para lhes
preservar um remanescente nesta terra e para
salvar-lhes as vidas com grande livramento.**
Gênesis 45:7 (Bíblia)

Os que lhe fazem mal estão lhe enviando para o centro do propósito de Deus. É um tremendo engano pensarem que nos prejudicam por meio de difamações ou ameaças. Em nós existe a mão de Deus que está nos guardando, entendemos que todas as coisas cooperam para nosso bem.

Na vida de José, vemos o que acontece quando Deus luta por alguém que o teme. Acontecerá exatamente contigo.

### Chave 31 - Um bom coração

**Depois de rejeitar Saul, levantou-lhes Davi como rei, sobre quem testemunhou: Encontrei Davi, filho de Jessé, homem segundo o meu coração; ele fará tudo o que for da minha vontade"**

Atos 13.22 (Bíblia)

Davi era um homem segundo o coração de Deus. Deus usa pessoas boas de coração.

A unção flui através de um bom coração. A vitória começou com um bom coração. Nossa vitória começa na nossa casa, não no púlpito, pregando, ou evangelizando, nos hospitais.

Tudo que você precisa para vencer gigantes é uma unção sobrenatural. Um bom coração vem de um meditar da palavra de Deus e oração.

### Chave 32 - Valentia

**Por esse motivo, uma vez mais quero encorajar-te que reavives (aviva, movimentar) o dom de Deus que habita em ti mediante a imposição das minhas**

**mãos. Porquanto, Deus não nos concedeu espírito de covardia, mas de poder, de amor e de equilíbrio.**

2 Timóteo 1:6-7 (Bíblia)

Siga alimentando o que te foi dado por Deus.

Davi era um homem comum.

Deus o tirou de trás de todos os possíveis concorrentes e o colocou na frente.

Do que não se trata esta instrução:

1º Não se trata de uma valentia pessoal;

2º Não se trata de uma determinação pessoal;

3º Não se trata de sua própria capacidade;

Sua valentia, sua fonte, vinha da confiança das promessas de Deus.

## *Chave 33 - A mesa*

**E colocarás, sobre a mesa, os pães da Presença, para que estejam diuturnamente diante de mim.**

Êxodo 25:30. (Bíblia)

Coisas pequenas passam tão desapercebidas por nós. Ignoramos pequenos sinais, os avisos, placas de sinalização. Existe algo grandioso por trás da palavra **mesa** na Bíblia. Nós até pensamos: Como a palavra mesa soa espiritualidade? Mas já parou para pensar que a mesa é um lugar de Comunhão com sua família e lugar de agradecimento pelo pão de cada dia? A mesa é um lugar de Comunhão com Deus e à família. Aprenda a sentar em uma das refeições do dia, ou mais, com a sua família, ao redor da mesa. Aprenda a orar sempre, também, agradecendo pelo alimento. Assim faremos um grande investimento diário.

### Chave 34 - Capa (Cobertura), Livros (Crescimento) e Pergaminhos (Escrita)

**Quando você vier, traga a capa que deixei na casa de Carpo, em Trôade, e os meus livros, especialmente os pergaminhos.**

2 Timóteo 4:13  (Bíblia)

Todo homem de Deus deve aprender a ler e a escrever. Paulo tinha isso como hábito, até porque se não escrevermos as experiências que temos tido com o Senhor, acabamos esquecendo. Também todos precisamos de uma cobertura, é isso que representa a capa.

Se você não tem cobertura, significa que ninguém tem autoridade para lhe repreender. Se a unção não tem cobertura, ela seca.

**A sua cobertura protege a sua unção.**

VINICIUS IRACET
PROFETA VINICIUS IRACET
IEJN SANTA MARIA

INSCREVA-SE NO
NOSSO CANAL
PROFETA VINICIUS IRACET

VINICIUS IRACET
PASTOR EVANGÉLICO,
PROFETA E CONFERENCISTA

DIREÇÕES
ESPECIAIS
PARA SUA VIDA

DIREÇÕES ESPECIAIS MUDAM NOSSA HISTÓRIA

PORQUE TU ÉS A MINHA ROCHA E A MINHA FORTALEZA; ASSIM,
POR AMOR DO TEU NOME, GUIA-ME E ENCAMINHA-ME.
SALMOS 31:3

Na vida enfrentamos momentos de incerteza e dúvidas.
Pequenas e grandes decisões precisam ser tomadas todos os dias.
Particularmente, aprendi o peso e a consequência de más decisões.
Já tive a sensação de alguém me pressionando,
como se colocasse uma faca em meu pescoço e
me pressionasse em tomar uma escolha apressadamente.
Sei que a pressão vem do inimigo das nossas almas
para nos fazer agir precipitadamente.
Por várias vezes, vamos nos encontrar em encruzilhadas.
Dias que precisando de uma resposta de Deus
para avertarmos e rompermos.
Precisamos ter a consciência
que uma decisão errada pode nos roubar tempo,
nosso bem mais precioso, e também nosso dinheiro.
Mas decisões demandam esgotamento e
falta de respaldo do fluir de Deus.
Davi pede esta oração no salmos 31,
que o Senhor o guie e o encaminhe.
Esta palavra encaminhar é o mesmo significado de conduzir.
Ele sabia a importância de ser conduzido pelo Senhor.
Nós também precisamos ser conduzidos pelo Senhor
em meio a tantas guerras e batalhas que enfrentamos.

Não podemos brincar nesta vida. Há dias que são
cruciais porque mexem no nosso destino
de acordo com o caminho que tomamos.

DEUS LHE ABENÇOE